PROMENADES
AU
BORD DE LA MER

ŒUVRES COMPLÈTES
D'ALPHONSE KARR
Publiées dans la collection Michel Lévy

AGATHE ET CÉCILE.	1 vol.
LE CHEMIN LE PLUS COURT	1 —
CLOTILDE	1 —
CLOVIS GOSSELIN	1 —
CONTES ET NOUVELLES	1 —
LA FAMILLE ALAIN	1 —
LES FEMMES	1 —
ENCORE LES FEMMES	1 —
FEU BRESSIER	1 —
LES FLEURS	1 —
GENEVIÈVE	1 —
LES GUÊPES	6 —
UNE HEURE TROP TARD	1 —
HISTOIRE DE ROSE ET DE JEAN DUCHEMIN	1 —
HORTENSE	1 —
MENUS PROPOS	1 —
MIDI A QUATORZE HEURES	1 —
LA PÊCHE EN EAU DOUCE ET EN EAU SALÉE	1 —
LA PÉNÉLOPE NORMANDE	1 —
UNE POIGNÉE DE VÉRITÉS	1 —
PROMENADES HORS DE MON JARDIN	1 —
RAOUL	1 —
ROSES NOIRES ET ROSES BLEUES	1 —
LES SOIRÉES DE SAINTE-ADRESSE	1 —
SOUS LES ORANGERS	1 —
SOUS LES TILLEULS	1 —
TROIS CENTS PAGES	1 —
VOYAGE AUTOUR DE MON JARDIN	1 —

ŒUVRES NOUVELLES D'ALPHONSE KARR
Format grand in-18

LES DENTS DU DRAGON (2ᵉ édition)	1 vol.
DE LOIN ET DE PRÈS (2ᵉ édition)	1 —
EN FUMANT (3ᵉ édition)	1 —
FA DIÈZE	1 —
LETTRES ÉCRITES DE MON JARDIN	1 —
SUR LA PLAGE (2ᵉ édition)	1 —
LE ROI DES ILES CANARIES	1 —
LA MAISON CLOSE (2ᵉ édition)	1 —
LA PROMENADE DES ANGLAIS	1 —
LES GAIETÉS ROMAINES	1 —
LA QUEUE D'OR (2ᵉ édition)	1 —

PROMENADES AU BORD DE LA MER

PAR

ALPHONSE KARR

PARIS
MICHEL LÉVY FRÈRES, ÉDITEURS
RUE AUBER, 3, PLACE DE L'OPÉRA

LIBRAIRIE NOUVELLE
BOULEVARD DES ITALIENS, 15, AU COIN DE LA RUE DE GRAMMONT

1874

Droits de reproduction et de traduction réservés

A JEANNE

AU
BORD DE LA MER

1

PREMIÈRE PROMENADE

I

La mer au coucher du soleil. — Un savant. — L'ichtyosaurus. — Le départ. — L'homme de l'an 1850. — Conjectures.

C'était à la fin d'une chaude journée de juillet. Tandis que mon matelot gréait mon canot, et en attendant que le vent et la marée nous devinssent favorables, j'étais au bord de la mer, appuyé sur un cabestan, et je contemplais les magnifiques couleurs dont le soleil couchant parait l'horizon,

L'air était calme et pesant; sur la terre, on ne sentait pas le moindre souffle; une faible brise venant du nord passait par-dessus la plage, abritée par les côtes qui ferment la petite vallée de Sainte-Adresse.

D'une maison couverte de chaume, une fumée sortait lentement et tout droit, jusqu'à ce qu'elle se perdît dans la brume.

Au large, par le sud-est, le ciel était d'un pâle bleu de turquoise; la mer, au contraire, était d'un bleu intense et sombre. A l'ouest, le ciel était devenu insensiblement d'un brun lumineux, presque orange. Quelques barques glissaient lentement sur l'eau; celles qui passaient à l'opposé du soleil avaient leurs voiles, à peine gonflées, teintes de tons vermeils; les voiles, au contraire, des barques qui passaient entre mes yeux et l'horizon se détachaient en noir sur un fond d'or.

La mer était unie, calme et lourde, sous le soleil couchant. Pour la couleur et le poids apparent, on eût dit de l'or en fusion; la partie un peu plus rapprochée de la terre reflétait les navires, comme s'ils eussent été posés sur un grand miroir étamé d'or, au lieu de l'être de vif-argent.

Un peu plus tard, toutes les couleurs devinrent plus foncées, la faible brise prit un peu plus de force en passant à l'est, de sorte que la surface de la mer se trouva légèrememt ridée, et rayée par le soleil de bleu sombre et de jaune lumineux, comme ces belles étoffes de soie à couleurs changeantes que portaient nos aïeules.

La mer baissait, et la partie du sable qu'elle abandonnait, uni, humide et coloré, nous paraissait exactement du sable d'or.

Mes regards furent arrêtés par la silhouette noire d'un homme courbé sous un fardeau, qui suivait lentement le rivage. Il ne tarda pas à approcher de moi, et je reconnus un vieux savant que j'avais déjà rencontré quelquefois, et qui habitait au fond de la vallée. Ce vieux savant s'occupait presque incessamment à explorer la plage, les falaises et les rochers, pour y trouver des coquilles et des ossements fossiles, branche de la science à laquelle il portait un intérêt tout à fait spécial. La récolte avait été bonne, M. Anthime avait sur l'épaule un sac si plein, que son marteau n'avait pu y tenir, et qu'il le gardait à la main. Il posa son sac par terre, et, s'essuyant le front, s'appuya sur le même cabestan que moi, en me souhaitant le bonsoir.

— Il fait bien chaud, dit-il, et je suis plus chargé que de coutume, ce dont je ne me plains pas.

Je lui offris un verre de rhum ou de genièvre; il préféra le genièvre, et j'allai le prendre dans ma cabane, à quelques pas derrière nous. Le genièvre est une assez mauvaise liqueur, dont on boit beaucoup au bord de la mer; quelques personnes ne l'emploient que pour nettoyer le bois des meubles : je crois que c'est là sa véritable destination, et que ce n'est que par extension, abus, catachrèse, qu'on est arrivé à en boire. Toujours est-il que M. Anthime s'en trouva bien, et qu'il resta auprès de moi. Il vida son sac, et remit dedans les diverses pièces qu'il avait amassées, en énumérant ses richesses. Il entassa d'abord avec assez peu de soin des *ammonites* et des *nautiles pétrifiés*; mais il réserva et me montra trois sortes d'osselets gros comme les deux poings, et me dit : — Savez-vous ce que c'est que cela? rien autre chose que trois vertèbres de la queue du fameux ichtyosaurus, animal antédiluvien dont la race est perdue, que je suis en train de reconstruire; il ne me manque plus que cinq vertèbres, la mâchoire inférieure et deux des jambes. Il y a huit jours que je n'avais rien trouvé, mais aujourd'hui la journée a été bonne, non-seulement à cause de ces trois vertèbres que j'ai déterrées, mais plus encore par la conviction que j'ai acquise que mon ichtyosaurus n'est pas le même que celui de Cuvier, ce qui m'assure la très-douce perspective de le voir honorablement placé dans les galeries du Muséum de Paris, avec cette inscription : « Ichtyosaurus Anthimeianus. »

A ce moment, mon matelot vint m'avertir que tout était *paré* (prêt), que la marée commençait à *dévirer* (tourner) par le nord-ouest, et que la brise soufflait de l'est ; ce qui constituait la réunion de toutes les conditions que nous attendions pour partir.

— Vous allez à la mer ? dit M. Anthime.

— Oui, nous allons porter des trémails.

— Combien de temps resterez-vous dehors ?

— Trois heures et demie ou quatre heures ; nous attendrons le revirement de la marée. Venez-vous avec nous ?

M. Anthime cacha son sac dans ma cabane, et mit des paniers et des cordages par-dessus. Nous poussâmes le canot à la mer, et, la petite brise enflant nos voiles, nous nous mîmes en route.

J'étais assis à l'arrière du canot, une main sur la barre du gouvernail, l'écoute de la voile de misaine sur mon genou. Onésime, mon matelot, à l'avant du bateau, avait allumé sa pipe ; M. Anthime, sur le banc du milieu, me faisait face, et regardait les falaises, que nous suivions à une certaine distance. — Voyez, me dit-il, c'est sous cette roche qui tient à peine à la terre, et qu'on croit voir tomber à chaque instant, que j'ai trouvé la mâchoire supérieure de mon ichtyosaurus. Tandis que je creusais sous la roche, je pensais qu'elle allait peut-être se détacher, m'écraser et me garder sous sa masse pour un autre savant, dans trois mille ans, quand la misérable époque où nous vivons s'appellera à son tour « le bon vieux temps ». Ce savant, me disais-je, viendra à son tour comme moi aujourd'hui, avec un marteau, pour interroger les couches de la terre et surprendre les secrets enfouis des siècles antérieurs. Comment sera fait ce savant? me demandais-je en creusant toujours, ce sera peut-être une espèce toute différente de la nôtre, et nos squelettes seront peut-être, pour les créatures de ce temps-là, un objet de curiosité, comme sont aujourd'hui pour nous les carcasses antédiluviennes des ichtyosaurus et des plésiosaurus. D'ici à trois mille ans, l'espèce humaine que nous sommes, si usée et si détériorée déjà qu'elle en sera bientôt impossible, aura sans doute été remplacée par une espèce nouvelle et perfectionnée, à laquelle le grand architecte de l'univers, comme disent les francs-maçons, est sans doute occupé à mettre la dernière main. Qui sait si ledit savant ne sera pas couvert de plumes ou de poils? Toujours est-il qu'il rassemblera soigneusement mes os (je désire ne pas lui donner autant de peine que m'en donne l'ichtyosaurus); après de longues recherches et de consciencieuses hésitations, il dira qu'il a retrouvé une race perdue, l'homme de l'an 1850 après l'ère chrétienne. On rira d'abord, les incrédules le bafoueront ; mais lui, sans se troubler, achèvera de me reconstruire avec des fils d'archal, et je serai mis sous verre au Muséum d'alors, sous le nom de *homo mas europœus*, et on donnera au savant qui m'aura retrouvé ce qui alors remplacera la croix d'honneur.

Nous étions en vue des signaux d'Octeville. La

nuit était venue, et on distinguait difficilement les falaises.

II

L'histoire de Sénateur Horville.

— Voici, dit M. Anthime, la place où on retrouva, il y a quarante ans, le corps brisé de mon cousin Sénateur, le berger ; ç'a été une grande histoire dans le pays.

— Les anciens m'en ont parlé, dit Onésime ; il s'appelait Sénateur Horville.

— Eh bien, que vous en a-t-on dit ? demanda M. Anthime.

— On m'a dit qu'il avait trouvé un trésor, et que les génies, gardiens des trésors, l'avaient étranglé et jeté par-dessus la falaise.

— Oui, c'est tout ce que la première enquête a pu trouver ; mais, plus tard, on a su autre chose. Mon cousin Sénateur laçait des filets pour les pêcheurs, et il avait une grande réputation en ce genre d'ouvrage; on disait que les filets lacés par Sénateur étaient les meilleurs filets de la côte.

— Je l'ai ouï dire aussi, interrompit Onésime, mais je ne les regrette pas.

— Vous n'osez pas dire que mon cousin Sénateur était sorcier, n'est-ce pas?

— Dame, monsieur Anthime, ça n'est pas agréable non plus d'avoir un sorcier dans sa famille, un homme qui a commerce avec le diable ! ça ne porte pas bonheur, et je ne crois pas que le bon Dieu s'arrange de ça.

— Si j'ai eu par hasard un parent sorcier, j'en ai eu tant d'autres qui ne l'étaient pas, qu'il y a compensation; ainsi, Onésime, vous pouvez parler sans crainte de me chagriner.

— Eh bien, monsieur Anthime, Sénateur Horville faisait de bons filets, des filets solides et des filets *bien péchants*. On dit même qu'avec ses filets on prenait des poissons qu'on n'a pas coutume de trouver dans nos parages; mais ce qu'il y a de sûr, c'est que tous ceux qui ont pêché avec les filets de Sénateur Horville ont fait une mauvaise fin : ça n'est pas pour autre chose que mon oncle, à moi, s'est noyé sur le banc de Terre-Neuve, à la pêche de la morue. Et le père de François Alain pourquoi s'est-il perdu avec son canot sous les falaises d'Autifer? Et le père du vieux Jérôme Sorlier, n'a-t-il pas été tué par la foudre en pleine mer? *Allais, marchais* (allez), les anciens en disent une liste. Et Sénateur, lui-même, n'est-ce pas avec une corde filée par lui-même qu'il a été étranglé? Non certes, je ne regrette pas de ne pas avoir de trémails lacés par Sénateur Horville.

— Mon cousin était berger, dit M. Anthime s'adressant à moi, mais il s'adonnait en outre à cinq ou six petites professions accessoires. D'abord, il laçait des filets; c'étaient là ses deux états honnêtes; mais, en outre, il savait des secrets pour faire réussir les mariages, et pour empêcher les conscrits de tomber au sort. Il guérissait avec des herbes et des *paroles*; c'est aussi avec des paroles qu'il *reboutait* les membres cassés. Il jetait et levait des sorts, et se servait de la baguette de coudrier pour trouver des sources ou des trésors.

— Mais comment restait-il pauvre et berger?

— Le diable, dit Onésime, ne leur permet pas de trouver des trésors pour eux-mêmes. Le samedi soir, ils vont au sabbat, et, là, ils ont toutes les jouissances de la terre; mais, le reste de la semaine, il faut qu'ils rentrent dans leur état. C'est pour avoir réservé pour lui la moitié du dernier trésor qu'il a trouvé avec la baguette, que Sénateur Horville a été étranglé.

— Il restait berger, parce qu'il voulait rester sorcier, dit M. Anthime, et, dans la pensée des paysans qui croient aux sorciers, ces professions sont inséparables.

Nous étions arrivés à l'endroit où nous nous proposions de mettre nos filets à l'eau, Onésime amena et cargua la voile; puis, lui et moi, nous laissant dériver avec la marée, nous *élongeâmes* nos trémails. Le trémail est un filet très-ingénieux. Il se compose de trois nappes de filet placées l'une sur l'autre. Celle du milieu est à mailles fines. Les deux autres sont à mailles larges à y passer la tête d'un enfant. Le poisson qui passe, pousse devant lui une partie du filet à mailles fines et l'entraîne au travers d'une des grandes mailles, de sorte qu'il se prend dans une poche qu'il fait lui-même.

Nos filets placés, il s'agissait d'attendre que la marée cessât de nous être contraire pour le retour. Nous nous écartâmes de nos *applets*, et nous jetâmes l'ancre. Onésime tira notre souper d'un panier : c'était du pain, de la viande froide, du fromage, du cidre et un peu de rhum. Le souper terminé, on alluma les pipes, et M. Anthime reprit son récit.

— Mon cousin Sénateur est le premier qui ait apporté ici l'usage, déjà établi ailleurs, de tanner les filets, c'est-à-dire de les faire bouillir dans une décoction d'écorce de chêne. Cette opération, comme vous savez, augmente beaucoup la durée des filets. Cet avantage, joint à la couleur noire que leur donne le tan et qui ne surprendrait plus personne aujourd'hui, n'a pas peu contribué alors à faire croire que ces filets étaient ensorcelés.

— On dit, interrompit Onésime, que Sénateur Horville connaissait tous les poissons de la mer par leur nom de baptême, leur vrai nom, celui qui leur a été imposé par notre père Adam. Comment un malheureux *berquer* (berger) aurait-il su ce que savent peu de *péqueux* (pêcheurs), même les plus anciens, s'il n'avait pas été sorcier ?

— Sorcier ou non, il ne put se défendre contre un charme bien dangereux ; il avait près de cinquante ans, quand il fut ensorcelé à son tour. Il y avait chez le fermier dont Sénateur gardait les troupeaux une très-belle servante. Le maître n'avait pas été le dernier à s'en apercevoir ; mais Cléopâtre..., vous souriez à ce nom ; vous voyez qu'Onésime ne sourcille pas; vous êtes cependant depuis assez longtemps en Normandie pour ne pas avoir à vous étonner d'un semblable nom.

— Je ne m'en étonne plus, répondis-je à l'observation de M. Anthime, mais je ne sais pas où on a été chercher les noms excessivement *distingués* de la plupart de nos filles de ferme, le nom d'Onésime, qui est si commun ici, celui du cousin *Sénateur*, qui est ici très-ordinaire, paraîtraient ailleurs fort singuliers.

— Je crois en savoir l'origine, reprit M. Anthime. Ces noms prétentieux sont modernes; on ne les retrouve pas dans l'histoire de la Normandie. La célèbre Mlle de Scudéri est née au Havre en 1607 ; elle a vécu une centaine d'années, et a eu le temps de faire de longs romans très-célèbres. Ces romans qui ont été si fort à la mode dans toute l'Europe, ont dû être l'objet d'une admiration plus grande encore dans son pays. Il est probable que les dames des châteaux, priées souvent d'être marraines des enfants de leurs vassaux et fermiers, auront donné aux susdits enfants des noms pris dans les livres de la célèbre fille du Havre, et ces noms se seront perpétués dans le pays. En effet, rien n'est si commun ici que les noms de Bérénice, d'Arthénice, de Célinde, d'Almalcide. Revenons à Cléopâtre.

» Comme le fermier paraissait s'occuper d'elle, sans cependant se déclarer tout à fait, parce qu'elle était réellement belle et d'une beauté imposante, elle lui dit un jour : — Écoutez, maître Jean Dicquemare, je n'aime pas *faire semblant*. Une fille n'a pas besoin qu'on en dise bien long pour s'apercevoir qu'on lui en veut. Vous avez de l'amitié pour moi ; c'est bien. Il me semble, de mon côté, que je ne vous haïrais pas non plus. Eh bien, je suis fille, vous êtes garçon : causez-en avec M. le curé.

» Maître Jean Dicquemare dit à Cléopâtre qu'elle était folle, que c'était impossible..., au moins pour l'instant, etc.

» — Je comprends, dit-elle, ce que vous voulez dire ; je ne suis qu'une servante, et vous voulez vous amuser de moi et épouser quelque fille de fermier. Les filles de fermier ne sont pas d'une autre espèce que les servantes. Il n'y a que deux espèces de femmes : les belles et les laides. Je suis des belles, c'est ma dot, que le bon Dieu m'a donnée. Voyez si ça vous va ; c'est à prendre ou à laisser.

» Maître Jean Dicquemare eut beau prier, promettre, menacer, rien n'y put faire ; aussi, un jour que Cléopâtre cassa une assiette, cette maladresse parut au maître un crime si horrible, qu'il la mit à la porte. Pendant ce temps, mon cousin Sénateur n'était pas moins empressé que le fermier auprès de la belle servante. Elle le considérait comme un puissant sorcier. Il faut croire d'ailleurs qu'il avait de l'argent, et qu'il ne négligea pas de le lui apprendre. Après cela, quoiqu'il ne fût plus jeune, peut-être plut-il à Cléopâtre ou lui jeta-t-il un sort? Toujours est-il qu'elle l'épousa sans en montrer de déplaisir, et qu'on parla, pendant plus de trois mois, des riches dentelles de son bonnet de noces. Maître Jean Dicquemare renvoya mon cousin ; mais, comme c'était un habile berger, qui savait des paroles contre toutes les maladies des troupeaux, il trouva dix places pour une ; et personne ne s'étonna de voir Jean Dicquemare perdre dix moutons de la clavelée dans le mois qui suivit l'expulsion de son berger.

» Quand Cléopâtre se vit mariée, lorsque surtout, peu de temps après, le fermier, son ancien maître, se maria à son tour, elle devint tout à fait ambitieuse, et voulut marcher de pair avec les plus riches de la commune. Dieu sait ce qu'on disait, et les *potins* (médisances) qu'on faisait en voyant la femme d'un berger, le dimanche, avec des denteltelles d'Angleterre et des robes de soie couleur gorge de pigeon! Toutes les femmes la haïssaient, et Cléopâtre était triomphante. Quelques vieilles femmes avaient cependant annoncé quelque chose, dont on attendait la réalisation avec grande impatience. Elles avaient dit que tout l'argent employé à orner comme une châsse la femme du berger ne pouvait pas être pris sur les soixante écus que gagnait chaque année son mari dans son état de berger; que ce qu'on lui donnait pour les philtres, pour les prédictions, pour les sorts, était de l'argent qui venait indirectement du diable, et que si, par hasard, on aspergeait d'eau bénite quelque partie de la parure de Cléopâtre, qui eût été achetée avec cet argent maudit, la dentelle deviendrait des lambeaux de torchon, l'or du cuivre, etc. Une femme, plus opiniâtre que les autres, sortit un dimanche de l'église derrière la femme du berger, arracha le goupillon de la main du donneur d'eau bénite, assis à la porte, et aspergea Cléopâtre à bout portant et à plein goupillon ; mais il ne se fit aucun changement dans sa parure, ce qui fit penser que l'eau bénite n'était pas bonne.

» La vérité est que les vieilles femmes ne se trompaient pas sur un point. Les ressources ordinaires de mon cousin ne suffisaient pas aux désirs sans cesse renaissants de sa femme. Il avait aspiré dans les grands yeux bleus de Cléopâtre un philtre qui le rendait son esclave. D'ailleurs, il était si heureux de la voir *brave* et bien parée !

» Il paraît qu'alors seulement il se lia avec des contrebandiers, et qu'il trouva dans cette association d'assez gros bénéfices ; aussi Cléopâtre eut une armoire et un buffet en bois sculpté, avec un dressoir tout chargé d'assiettes de faïence, peintes de fleurs rouges et bleues avec des coqs jaunes, et aussi de ces pots dorés et argentés que fabriquent les Anglais, et qui n'entrent en France qu'au moyen de la fraude. Cela marcha assez bien pendant quelques années ; mais Sénateur, obligé, par les exigences de sa femme, de se montrer à son tour plus exigeant envers ses associés, finit par les lasser, et ils se cachèrent de lui pour leurs plus importantes opérations, afin de lui dérober la part qu'il voulait rendre trop forte.

» Cléopâtre ignorait que son mari se livrât à la contrebande, c'était très-fermement qu'elle le croyait sorcier. Lui ne s'avisait pas de la dissuader; cette croyance inspirait à Cléopâtre une sorte de crainte respectueuse et faisait une utile compensation aux vingt-cinq ans qu'il avait de plus qu'elle.

» Un jour, la femme de maître Jean Dicquemare se présenta à l'église avec un éclat inusité : elle et Cléopâtre, quand elles se rencontraient sous les ormes, le dimanche, se regardaient comme se regardent deux femmes qui se rencontrent, c'est-à-dire à la façon de deux guerriers prêts à en venir aux mains, et chacun avide d'examiner les armes et la cuirasse de son adversaire.

» La toilette est la cuisine de la beauté. Chaque femme, chaque jour, imagine des ragoûts pour ses charmes qu'elle doit servir le soir à l'admiration affamée des regards.

« On peut dire encore que sa beauté particulière est pour chaque femme un sonnet qu'elle retouche tous les jours, et sans cesse elle corrige, elle ajoute, elle efface, puis elle le relit chaque soir.

» La Dicquemare avait au cou une chaîne d'or qui en faisait six fois le tour. Cléopâtre, rentrée chez elle après la messe, se livra à un légitime désespoir ; elle arracha et jeta par terre sa mauvaise petite chaîne, à elle, qui faisait simplement le tour de son cou. Quand le berger rentra, il la trouva noyée de larmes. Qu'était-ce, en effet, que la vie désormais, sans une chaîne faisant six fois le tour du cou ? Sénateur dut écouter la liste de tous ceux qui seraient trop heureux de donner une pareille chaîne à Cléopâtre. Maître Jean Dicquemare qu'elle avait refusé, disait-elle, pour le vieux Horville, tournait toujours autour de la maison ; elle offrait de gager que, si elle le voulait bien, elle lui ferait ôter le collier à la Dicquemare pour le mettre à son propre cou. Elle ne mangea ni au dîner ni au souper, et elle annonça qu'elle ne sortirait plus de sa maison pour ne pas être humiliée par une femme ayant d'aussi petits yeux et d'aussi gros pieds que la Dicquemare. Elle pria, elle pleura, elle menaça, elle caressa, elle déclara que, si elle n'avait pas un collier de six tours pour le moins, elle saurait bien s'en faire un qui n'aurait qu'un tour, mais que ce serait un collier de chanvre; qu'elle se pendrait pour ne plus être humiliée. Si bien que Sénateur promit solennellement qu'elle aurait, pour le dimanche suivant, un collier faisant sept fois le tour du cou, un tour de plus qu'à la Dicquemare. C'est ce collier qui fut la perte de mon cousin Sénateur Horville, et voici comment :

» Il n'y avait pas de temps à perdre pour effectuer la promesse. Il alla trouver un fermier de Bléville, vers les Signaux.

» — Maître Laignel, lui dit-il, que diriez-vous à un homme qui vous ferait découvrir un trésor dans votre champ?

» — Je lui dirais qu'il y a dix ans que je laboure mon champ, que je le fume et l'ensemence, et que je l'arrose de ma sueur; que j'en tire, je crois, tout ce qu'on en peut tirer, attendu que je passe pour savoir mon état.

» — Je parle d'un trésor enfoui. Si je vous faisais trouver dans un quartier de terre, dès ce soir, un trésor égal à ce que ce quartier vous produirait en trente ans d'un travail assidu, m'en donneriez-vous bien la moitié?

» Le fermier hésita un instant; mais il réfléchit que, s'il ne donnait pas la moitié, il n'aurait rien; il promit.

» — Eh bien, dit le berger, je viendrai cette nuit avec ma baguette de coudrier. Ayez soin, d'ici là, de ne toucher ni or ni argent; c'est une condition qu'imposent les esprits gardiens des trésors. Ne parlez surtout de rien à personne, votre propriétaire et l'État pourraient réclamer leur part ou nous faire avoir de la peine. Cachez près d'ici deux pelles, deux pioches et deux grands paniers. Un peu avant minuit, je serai chez vous, non pas à la ferme, mais sous ce gros pommier dont la tête a été fendue par la foudre. Je pratiquerai quelques cérémonies indispensables... N'arrivez donc qu'à minuit juste, et faites bien attention à ce que je vous ai recommandé : si vous manquez à quelque chose, nous ne trouverons rien, et nous courrons quelque risque d'avoir le cou tordu.

» A l'heure convenue, maître Laignel arriva, et Sénateur Horville, mon cousin, prit la baguette de coudrier et commença l'opération. Il marcha dans le champ en tout sens, et la baguette restait toujours immobile dans sa main. Laignel commençait à se désespérer.

» — Vous vous serez trompé, Sénateur.

» — Rappelez-vous, répondait mon cousin, que je vous ai recommandé le silence. A ce moment, Sénateur Horville arrivait à l'extrémité du champ. Tout à coup la baguette de coudrier s'agita étrangement dans sa main, et se courba vers la terre à tel point, que, si elle eût été d'un bois moins flexible, elle se serait rompue. Elle se démena et se tortilla d'une telle force, que mon cousin avait peine à la tenir.

» — C'est là, dit-il. Creusons, mais ne prononçons pas une parole, ou nous pourrions encourir la colère des esprits, et être exposés aux plus grands dangers.

» Le berger enleva soigneusement par plaques le gazon qui couvrait la terre, et les deux compagnons, saisissant tour à tour les pioches et les pelles, se mirent à travailler avec ardeur. Au bout d'une demi-heure, la pioche de maître Laignel frappa un corps dur, qui *sonna creux;* il pâlit et lâcha la pioche; mais le berger acheva l'opération, et ils ne tardèrent pas à tirer de terre une caisse assez grande qu'ils brisèrent. Ils trouvèrent dedans deux petits ballots scrupuleusement recouverts de toile cirée. Sénateur remit au fond du trou les fragments de la boîte brisée, battit le briquet, et les brûla en prononçant quelques paroles inintelligibles. Puis il recouvrit de terre le charbon, trépigna avec maître Laignel sur la terre replacée dans le trou, et replaqua le gazon qu'il avait enlevé. Ils mirent les deux ballots dans les paniers que le fermier avait apportés, recouvrirent les ballots de feuilles et d'herbe, et rentrèrent à la ferme, que Sénateur Horville ne tarda pas à quitter.

» Le dimanche suivant, Cléopâtre Horville parut à l'église avec une chaîne d'or qui faisait sept fois le tour de son cou, *un tour de plus qu'à la Dicquemare*, ainsi que l'avait promis Sénateur. Mais, deux jours après, le berger ne rentra pas. Comme il s'absentait très-souvent la nuit, soit pour la garde de ses troupeaux, soit pour aider aux contrebandiers, sous prétexte de pratiques mystérieuses et de cérémonies de sorcellerie, on n'y fit pas grande attention. Mais, le matin du troisième jour, sa femme, inquiète, se mit en route, et le chercha dans les endroits où il avait coutume de mener son troupeau. Elle ne tarda pas à reconnaître ses chiens, qui vinrent au-devant d'elle; ils paraissaient exténués, les pauvres bêtes n'avaient pas mangé depuis trente-six heures; elle vit les moutons qui broutaient l'herbe et ne manquaient de rien; mais elle ne trouva pas son mari. Jamais cependant il ne quittait son troupeau sans le confier à la garde du petit Maurice Legof.

— Le fils du père Legof, le mareyeur (marchand de poisson)? dit Onésime.

— Non, le mareyeur lui-même, qui alors était un enfant. Ma cousine Cléopâtre, inquiète, effrayée, alla à la ferme à laquelle appartenaient les moutons; on n'avait pas entendu parler de Sénateur. Le maître revint avec elle au champ où paissait le troupeau sous la garde des chiens : on ne vit sur la terre aucune trace de lutte; d'ailleurs, ses chiens l'auraient défendu si on l'eût attaqué au milieu de son troupeau.

» A l'heure du dîner, lorsque les laboureurs et les garçons revinrent à la ferme, il se trouva que personne n'avait vu le berger. On dîna précipitamment, puis on se dispersa dans les environs pour chercher Sénateur. Deux des garçons suivirent la falaise, et, à Bléville, sous les Signaux, ils trouvèrent le cadavre de mon cousin horriblement brisé. Il avait le cou serré par une corde, et, à un des bouts de cette corde, pendait une baguette de coudrier. Au bout de la falaise, la terre était battue et dure, l'herbe foulée et écrasée ; il était évident que c'avait été le théâtre d'une lutte acharnée.

» Maître Laignel par la un peu ; on sut qu'il avait trouvé un trésor à l'aide de la baguette de coudrier. On conclut que le berger avait manqué à quelques cérémonies exigées par les lois de la sorcellerie, ou qu'il avait failli en se faisant donner la moitié du trésor découvert ; ou encore que, son pacte avec l'esprit des ténèbres étant arrivé à son échéance, le diable, pour s'emparer de son âme, avait dû préalablement la faire sortir de son corps, l'énucléer, et que, pour arriver à ce résultat, il avait jeté le berger par-dessus la falaise, trois cents pieds de haut, la hauteur de six maisons. La justice s'en mêla; on informa; l'enquête ne produisit rien. Ma belle cousine Cléopâtre, un an après, épousa un riche fermier, et quitta le pays.

» On avait beaucoup parlé de la mort de Sénateur

Horville; mais il y avait trois hommes qui n'en avaient rien dit ; c'est que ces trois hommes seuls savaient la vérité sur la fin tragique du berger, et qu'ils croyaient avoir de bonnes raisons pour ne pas la faire connaître. Quinze ans après, deux de ces trois hommes étaient morts ; le dernier, qui est mort il y a six ou sept ans seulement, se vanta de savoir ce que personne au monde ne savait, excepté lui. Il raconta les détails, bien entendu qu'il ne parla que de la part qu'avaient prise à l'événement les deux morts, et qu'il ne se désigna, quand le fil des incidents l'obligeait à parler de lui-même, que par ces trois mots : « une personne que je ne nommerai pas. » Cette vérité la voici : Sénateur, je vous l'ai dit, avait indisposé ses associés contre lui par ses exigences ; les contrebandiers, sans vouloir se brouiller tout à fait avec lui, parce qu'ils en avaient peur, en qualité de berger jour et nuit dehors, qui voyait tout, d'ancien associé qui savait tout, et un peu aussi de sorcier qui disposait d'un pouvoir surnaturel, les contrebandiers continuèrent à le faire participer aux petites opérations, mais se cachaient de lui pour faire les grosses. Sénateur s'aperçut d'abord de la diminution de ses recettes, et, soupçonnant la cause de ce déficit dans ses finances, il s'était mis en observation. Une nuit, il avait vu ses associés grimper, en rampant, par des chemins où ne passent que les renards et les contrebandiers ; il les avait vus creuser un trou dans lequel ils avaient caché une caisse ; il avait vu et toutes leurs précautions pour dissimuler les marques de leur travail, et leurs soins pour retrouver la place où ils avaient enfoui leur butin. Convaincu de leur manque de foi à son égard, il avait résolu de s'en venger, et il était occupé à en chercher les meilleurs moyens, lorsque ma belle cousine Cléopâtre annonça la résolution de ne plus vivre sans une chaîne faisant au moins six fois le tour de son cou. Il fallait se décider ; il se décida. Il alla trouver le fermier Laignel, auquel appartenait le champ dépositaire du trésor, et il mit à exécution un plan qui le vengeait des contrebandiers, lui donnait la moitié de leur butin, et augmentait singulièrement sa réputation comme sorcier et chercheur de trésors. Les petits ballots que Laignel et Sénateur Horville emportèrent à la ferme contenaient des dentelles et des étoffes anglaises, dont l'importation était alors si sévèrement prohibée, — on était sous l'Empire, — ce qui leur donnait une très-grande valeur. Le lendemain, les fraudeurs revinrent chercher leur trésor; ils creusèrent, et ne trouvèrent que les planches du coffre réduites en charbon. D'abord, ils pensèrent s'être trompés, mais c'étaient bien là leurs remarques et leurs *amers*. Alors, ils pensèrent qu'il pouvait bien y avoir là une vengeance de Sénateur, mais ils pensèrent d'abord qu'il s'était vengé en franc sorcier; que, pour les punir de l'avoir exclu du partage, au moyen de sortilége et avec l'aide du diable, il avait brûlé leurs marchandises dans le sein de la terre. Aussi ils furent terrifiés, et convinrent ensemble de se réconcilier avec lui. Mais le juif parla, et l'ardeur de la vengeance succéda à la crainte. Un d'eux alla, le soir, trouver le berger qui gardait son troupeau, et feignit de vouloir lui parler d'une affaire où il devait avoir sa part. Tout en causant, il l'entraîna loin de ses chiens, jusqu'à l'endroit où les autres contrebandiers étaient couchés sur l'herbe.

« — Sénateur, dit l'un d'eux, il s'agit d'une bonne affaire.

» — Comment se fait-il alors que vous m'en parliez? reprit mon cousin; depuis quelque temps, je ne suis plus votre associé que lorsqu'il s'agit de quelques mauvais paquets de cigares.

» — C'est que les bonnes affaires ne viennent pas tous les jours; mais, cette fois, c'est du *dru* : des dentelles et des étoffes anglaises. Nous avons fait prévenir le juif, il va arriver; crois-tu qu'il nous achète les dentelles et les étoffes? — Je le crois. — Alors, nous allons aller déterrer ces ballots. — Où sont-ils? — A deux pas d'ici, dans le champ à maître Laignel, près des Signaux de Bléville. — C'est trop loin; je ne puis abandonner mes bêtes. — Est-ce que tu ne vas jamais par là? — Pourquoi me demandes-tu cela? — C'est que tu pourrais y conduire ton troupeau. — Je ne le fais pas voyager la nuit.

» — Allons donc! comme si nous ne savions pas qu'avec trois paroles tu peux endormir tes moutons et les enchaîner à la place où ils paissent? Il faut que tu viennes avec nous, nous avons besoin de toi.

» — Vous n'avez pas eu besoin de moi pour enfouir des ballots.

2.

» — C'est vrai, mais en ce moment, pour ce que nous avons à faire, nous ne pouvons pas nous passer de toi.

» — Qu'avez-vous donc à faire ?

» — Nous avons à te tuer, si la place est vide.

« — Ne plaisantez pas ; il pourrait bien se faire que la place fût vide ; car, persuadé que vous me trompiez depuis quelque temps, j'ai fait des conjurations et j'ai jeté un sort sur vous et sur vos barques ; et, si mes sortilèges ont réussi, ce que vous avez pris depuis doit être réduit en cendres et en charbons.

» — Pas mal inventé, c'est ce que nous avions cru aussi... d'abord ; mais il faudrait que le juif n'eût pas parlé et eût mieux gardé le secret que tu lui avais si bien recommandé.

» A ces mots, un des contrebandiers, et on pensait généralement que c'était *la personne* que le narrateur n'avait *pas besoin de nommer*, lui passa rapidement au cou un nœud coulant, et du même coup l'étrangla, sans qu'il pût jeter un cri. Un d'eux s'était muni d'une baguette de coudrier qu'on attacha à un bout de la corde ; après quoi, on jeta le corps inanimé de Sénateur Horville par-dessus la falaise.

III

Le retour. — Le lever de la lune. — Le brasillement de la mer. — Explication de ce phénomène.

A ce moment, la lune montait derrière les côtes d'Ingouville. On ne vit d'abord que la moitié de son disque, qui semblait s'appuyer sur la colline; et bientôt elle monta lentement, large et rouge. Mais le temps était orageux, comme on avait pu le prévoir au coucher du soleil, et d'épais nuages ne tardèrent pas à la voiler. De temps en temps, elle glissait entre deux nuées de pâles faisceaux de lueurs sur la mer. Comme la marée avait changé, nous appareillâmes pour retourner à terre. Nous avions bien pris nos *amers*. D'un côté, nous voyions la tête d'un pommier de la ferme de Courchet; de l'autre, un des deux feux de la Hève nous cachait entièrement l'autre. Nous savions qu'en nous remettant le lendemain dans la même position nous serions sur nos filets. Nous nous mîmes en route en gagnant le large, car nous ne pouvions regagner Sainte-Adresse qu'en courant des bordées. Nous fûmes alors témoins d'un admirable et singulier spectacle. La mer, comme il arrive parfois dans des temps orageux, commença à brasiller ; les petites lames, qui se développaient lentement et se brisaient au rivage, au lieu de se diviser en écume blanche, semblaient rouler du soufre allumé. Bientôt la mer fut toute parfumée de grandes taches lumineuses et phosphorescentes comme des étangs de feu. Le canot à la voile laissait derrière sa quille un long sillage de feu. Pendant que, M. Anthime et moi, nous admirions ce grand et étrange aspect, Onésime maugréait contre le brasillement de la mer. — Notre pêche est faite, disait-il. Ce que nous tirerons de l'eau demain, ou est déjà pris, ou se prendra à l'aube du jour.

— Et pourquoi? demanda M. Anthime.

— Pourquoi? reprit Onésime. Regardez le pourquoi ! Et il plongea dans l'eau un lanet (sorte de filet à manche de bois), et les mailles nous représentèrent un filet de feu, ou un grillage de fil d'archal rougi au feu.

— Vous savez maintenant pourquoi nous ne prendrons rien, dit Onésime. Le poisson qui se promène au fond de la mer voit parfaitement le filet, et se dit : « Tiens, un trémail ! » et naturellement il s'en détourne et passe à côté.

Ce discours fini, Onésime se coucha en rond sur le tillac d'avant du bateau. L'arrière est la place d'honneur, et il la réservait à M. Anthime et à moi. Puis il se fit un oreiller avec un cordage, et s'endormit.

— Sait-on bien, demandai-je à M. Anthime, les causes du phénomène que nous admirons ?

— Les uns, répondit M. Anthime, attribuent cette lumière à une matière phosphorique huileuse produite par la dissolution des corps en décomposition dans la mer. D'autres en font honneur à des insectes lumineux, des scolopendres de mer, ou lampodes. On en trouve, en effet, quand la mer brasille, sur les algues ou sur les varechs et autres plantes marines que la mer rejette. Un de ces insectes, écrasé sur du papier, y dépose une traînée de matière phosphorique bleuâtre et transparente.

Cette matière azurée et lumineuse paraît avoir les mêmes qualités que l'huile et la graisse, car elle ne se mêle pas intimement avec l'eau. Une troisième opinion est que non-seulement ces insectes sont lumineux, mais encore qu'il s'échappe de leur corps une liqueur huileuse et phosphorique qui s'étend sur l'eau. Divers physiciens n'admettent pour cause qu'une matière, si on peut s'exprimer ainsi, qui a une analogie directe avec l'électricité. Néanmoins, on voit les animalcules au microscope. Ce sont de petits polypes à peu près sphériques, presque aussi diaphanes que l'eau, ayant environ un quart de ligne de diamètre.

A ce moment, nous abordions. Onésime réveillé sauta à terre. Nous hissâmes le canot sur la grève, et, nous arrachant avec peine au spectacle splendide de cette mer embrasée, nous nous séparâmes pour aller prendre quelques heures de repos, car nous comptions aller relever nos filets de bonne heure. Je n'ai pas besoin de dire que M. Anthime n'oublia pas son sac et ses vertèbres d'ichtyosaurus.

DEUXIÈME PROMENADE

I

Ce qu'on fait au bord de la mer. — A quoi sert la science. — La femme marine de Harlem. — Celle de Sainte-Adresse. — L'art de corriger les maris ivrognes. — Les plantes marines. — Une bombe habitée par deux huîtres. — La nature et l'homme. — La vie et la mort, l'une portant l'autre. — Combien il meurt de créatures pendant qu'on imprime cet article. — Vie et mœurs de l'huître. — Formation et pêche des perles. — Perles célèbres. — Recettes du chevalier Digby. — L'auteur rentre dans sa cabane.

Voilà dix ans que je demeure au bord de la mer et que je sais combien il est difficile de faire autre chose que de regarder ce ciel d'eau, immense miroir de l'autre ciel. Quand je suis venu m'établir ici, j'ai cru d'abord que j'allais prodigieusement travailler; je commençais à m'inquiéter du papier qui s'employait sous divers prétextes, et, quand je lisais quelque chose, je me demandais :

« Était-il bien nécessaire de gâter du papier blanc avec ces choses qui ont été dites tant de fois ? »

Mais je n'ai pas tardé à être désabusé ; au bord de la mer, en face de l'Océan, on ne travaille pas, on ne peut pas ; c'est tout au plus si on rêve.

Le cor ne retentit pas sur la mer, de même la pensée en face de la mer ne nous est renvoyée par aucun écho, la pensée s'exhale comme le parfum d'une fleur, ou plutôt s'exhale elle-même, comme un morceau de camphre. Le soir, on est fatigué, on a beaucoup dépensé, on n'a rien fait ; on s'est exhalé. Quand je dois, quand je veux travailler, je me renferme dans une chambre, et j'écris sur une table, avec un mur à six pouces de mes yeux.

Je disais donc que, depuis dix ans, je n'ai rien fait que de regarder la mer. Avant cela, pendant dix autres années, je ne consacrais guère que six mois par an à cette occupation. Eh bien, il y a une foule de choses que j'avais vues dans des livres et que je n'ai jamais vues ailleurs. « Les savants sont des gens qui s'embourbent un peu plus loin que les autres, mais ils s'embourbent davantage. »
On lit dans un vieux livre qui s'appelle *les Délices de*

Hollande, qu'après une tempête qui, en 1430, avait rompu plusieurs digues, on trouva, dans une prairie, dans un fossé plein de vase, une femme marine ; elle avait à peu près la taille d'une femme, la tête ronde, les yeux un peu gros, le visage large et plein, le nez camus, les dents très-blanches, les cheveux bleuâtres. Ses doigts étaient à moitié palmés ; mais, depuis la ceinture jusqu'en bas, elle avait la forme d'un poisson. On voit que cette description se rapporte parfaitement à celle de la sirène des anciens :

Desinit in piscem mulier formosa superne.

» On emmena cette femme marine à Harlem ; on l'habilla et on lui apprit à filer. Elle vécut quelques années, ajoute le livre, sans pouvoir apprendre à parler ; son cri était une sorte de gémissement.

» On lit également, dans l'*Histoire générale des Voyages*, qu'à l'Ile de Ceylan, en 1560, des pêcheurs trouvèrent dans leurs filets sept hommes marins et neuf femmes marines. On ajoute que Dimos Bosques, de Valence, médecin du roi de Goa, qui les examina et qui en fit l'anatomie en présence de plusieurs témoins, trouva toutes leurs parties intérieures très-conformes à celles de l'homme terrestre. On trouve l'histoire de semblables hommes dans les *Mélanges d'histoire naturelle*, et les auteurs conjecturent que les hommes marins, dont on a toujours parlé de temps à autre, pouvaient bien provenir d'un homme et d'une femme terrestres qui se seraient progressivement accoutumés à la mer.

Je crois que je connais des hommes aussi accoutumés à la mer qu'il soit permis à l'espèce humaine. Eh bien, je déclare qu'aucun n'a les doigts à moitié palmés. Rien ne me porte non plus à croire que les femelles des hommes marins de nos côtes, que l'on appelle d'ordinaire matelots ou pêcheurs, marins ou pilotes, aient, depuis la ceinture, la forme d'un poisson.

» Il y en a une dans mon voisinage qui offre bien, à la vérité, quelques rapports avec la description. Elle a le visage large et plein, le nez camus; mais ses cheveux ne sont pas bleus, ses doigts ne sont pas palmés. Il sort de dessous sa jupe deux souliers qui paraissent renfermer des pieds. Elle a pour mari un assez mauvais sujet, habile pêcheur du reste, pendant la semaine, mais qui, le dimanche, boit outre mesure, rentre ivre le soir, et termine parfois la journée en la battant. Elle a bien essayé de la résistance; mais, quoique très-robuste elle-même, elle a dû reconnaître un vainqueur dans son époux, et renoncer à la guerre ouverte. Un soir qu'elle avait été plus battue qu'à l'ordinaire, elle attendit que son homme fût couché et endormi; elle prit du fil et une aiguille, et le cousit dans ses draps à points serrés, puis elle prit une trique, et le battit à cœur joie. Il ne tarda pas à se réveiller, mais il était étroitement garrotté; sa colère, ses efforts n'y purent rien. Il s'exhala en menaces, en malédictions, en blasphèmes, elle ne frappait que plus fort. Quand elle fut fatiguée, elle s'arrêta; elle ne consentit ensuite à découdre le prisonnier qu'après les serments les plus circonstanciés de ne la *rechercher* en rien pour cette affaire, et de ne la point battre, mais de considérer ce guet-apens comme une représaille, et d'admettre les comptes comme bien faits en se donnant réciproquement quittance. Mais il faut croire que le pêcheur ne se crut pas lié strictement par des serments qu'il n'avait pas faits de son plein gré, car, dès le lendemain, comme le vent avait passé à l'ouest, il s'en prit à sa femme, et tira d'elle une éclatante vengeance.

» Depuis ce temps, elle a pris un autre parti. Quand Louis rentre ivre, elle ne lui fait aucun reproche ; au contraire, elle lui offre du genièvre ou du rhum, et porte ainsi l'ivresse jusqu'à l'engourdissement et à la torpeur. Quand il est dans un état de prostration suffisant, elle lui applique cinq ou six coups de trique et le laisse dormir.

» Le lendemain matin, pas trop matin, Louis se réveille.

» — Mais qu'est-ce que je sens donc ? dit-il ; j'ai mal au dos, j'ai mal au bras ; tiens, mais j'ai le bras tout noir : c'est comme des coups que j'aurais reçus.

» — Ah ! mon Dieu, mon pauvre homme, tu étais un peu en ribotte hier ; tu seras tombé.

» — Il paraît que je suis tombé hier. Il faut que je sois tombé rudement.

Si je n'ai jamais trouvé d'hommes marins à la mer, ce n'est pas à dire que je n'y aie jamais rien trouvé de curieux.

Hier, c'était une des plus grandes marées de cette année. La mer s'était retirée à un quart de lieue de nos côtes, laissant à découvert des roches au-dessus desquelles il y a d'ordinaire une quinzaine de pieds d'eau, et montrant des prairies d'herbes marines, d'algues et de varechs d'un vert sombre presque noir, et de mousses d'un rouge pourpre, les herbes et les mousses aussi variées que celles que nous voyons sur la terre. Nous étions sur ces roches au moins une soixantaine de pêcheurs, occupés à chercher et à prendre quelques huîtres, quelques poissons paresseux qui étaient restés à flâner dans quelques flaques d'eau, et des crevettes.

Le soleil se couchait derrière de gros nuages qui semblaient se reposer sur la mer, comme s'ils eussent été fatigués de leur course de la journée. Les bords de ces nuages, plus minces que le centre, étaient transparents et semblaient une frange d'or, de pourpre et de feu. Du soleil jusqu'à nos pieds, un sillon de feu s'étendait sur la mer.

Je suspendis un peu la pêche pour contempler ces magnificences, et je m'assis sur une roche.

Je rétablis en pensée le niveau de la mer tel qu'il allait se refaire trois ou quatre heures plus tard ; je me semblai resté sur ces sombres prairies où reviendraient alors les poissons ; je me figurai les navires au-dessus de ma tête, sillonnant la mer en tout sens. Mes yeux s'arrêtèrent par hasard sur quelque chose qui me parut être un fragment de roche d'une forme irrégulière ; c'était la moitié d'une boule creuse. Je l'examinai de plus près, et je reconnus la moitié d'une bombe éclatée, une de ces gentillesses imaginées par les hommes pour s'entre-détruire avec une facilité toujours croissante.

Il serait difficile de dire depuis combien de temps cette bombe était là au fond de la mer. Les Anglais en ont tiré un assez grand nombre sur le Havre du temps de l'Empire, avec l'intention de brûler les navires, et ils n'ont réussi qu'à abattre quelques maisons. On a dû leur en renvoyer quelques-unes. J'examinai la bombe. Plusieurs sortes de petites plantes marines végétaient entre les fentes du fer. Une, entre autres, rose, rude, granuleuse, ressemble au moins autant à un très-petit polype dans le genre du corail qu'à une plante réelle.

Mais ce qui me frappa le plus, ce fut de voir, appliquées contre la paroi intérieure de la bombe, deux huîtres, deux véritables huîtres parfaitement vivantes, qui y avaient élu domicile, qui y demeuraient, qui y bâillaient, qui s'y engraissaient depuis longtemps.

Ce n'était pas la première fois que j'avais occasion de remarquer l'indifférence profonde de la nature à l'endroit de l'homme et de ses passions. Ame à part, l'homme qui meurt et la feuille jaunie qui tombe ont précisément la même importance. Dans la nature physique, la mort n'est pas une chose triste plus que la naissance; c'est un pas du cercle éternel que font les choses créées. Toute mort est la conséquence d'une naissance, toute naissance est le résultat d'une mort. Tout meurt pour que tout vive; la mort n'est que l'engrais de la vie.

Mais je fus cependant cette fois particulièrement frappé de ce que je voyais : certes, il n'est pas de la colère de l'homme, de plus terrible expression qu'une bombe, cette horrible boîte dans laquelle l'homme renferme mille cruelles blessures et la mort, qui vient à travers les airs, éclate, s'ouvre et vomit la destruction. Eh bien, il a suffi de quelques années, et de cette haine puissante, que reste-t-il? Ceux qui ont tué les autres ont été tués à leur tour par le temps, par la vie; car rien ne tue plus sûrement que la vie. Ils sont morts parce qu'ils étaient nés. Le vaincu est mort; et le vainqueur? Le vainqueur est mort aussi depuis trente ans. Les ossements des uns ne sont pas plus desséchés que ceux des autres; mais peut-être on en a fait du noir d'ivoire ; peut-être les os des uns et des autres, calcinés et réduits en poudre, ont servi ce matin à cirer la même paire de bottes.

Mais à qui est-ce que je raconte cela ? Il meurt comme il naît sur la terre un homme par seconde, c'est-à-dire trois mille par heure. Entre le moment où j'écris ces lignes et le moment où mes paroles auront été imprimées, séchées, brochées et envoyées par la poste, quand vous les aurez entre les mains, à peu près cinq cent mille de ceux auxquels je les adressais auront cessé de vivre. Aussi qu'est-ce que les petites colères et le petit génie par lequel les hommes hâtent quelque peu cette vie si courte déjà? La nature n'en tient aucun compte. Sur cet horrible instrument de destruction, sur cette bombe ont poussé lentement toute sorte d'herbes innocentes, et ces deux huîtres, sortes de cailloux un peu vivants, de toutes les choses vivantes presque celle qui l'est le moins. Deux huîtres, emblème du calme et de l'apathie, y ont fixé leur domicile. C'est une grande et belle ironie. J'ai emporté et placé près de ma cabane cette moitié de bombe. Les huîtres mourront, mais leurs écailles y resteront fixées.

Nous avons parlé de la bombe, parlons de l'huître. Cet animal n'est presque pas un animal ; c'est presque autant un caillou sans industrie, sans armes, sans défense. Il végète comme une plante ; tous les jours, au moyen d'un ligament placé au sommet de sa coquille, il entr'ouvre sa prison, et respire un peu d'eau salée. C'est à peu près tout ce qu'il fait pendant le cours de sa vie. Au mois de mai, les huîtres deviennent laiteuses, mauvaises au goût, quelquefois malsaines ; c'est le moment du frai. Ce frai s'attache à des rochers, à des pièces de bois, à tout ce qui se trouve au fond de la mer. Au bout de vingt-quatre heures, les petits globules aplatis, qui se trouvent dans la substance laiteuse répandue par l'huître, se sont déjà revêtus d'écailles. Au mois d'août, les huîtres ont repris leur santé et leur embonpoint. Les anciens faisaient grand cas des huîtres. Macrobe dit qu'on en servait toujours sur les tables des pontifes romains. Apicius en envoya d'Italie en Perse, et les conserva par des moyens inconnus aujourd'hui. D'abord les Romains n'aimaient que les huîtres du lac Lucrin ; ensuite ils préférèrent celles de Brindes et de Tarente ; plus tard, les gourmets n'admirent plus que celles de l'océan Atlantique.

Les Grecs appelaient l'huître οστρεον ; les Romains, *ostreum* ; les Français les ont longtemps appelées *oistres*.

Sur les côtes du Sénégal, les huîtres s'attachent aux racines des mangliers qui plongent dans la mer. Un plongeur va sous l'eau couper ces racines, et les rapporte chargées d'huîtres. Quoique les perles ne se trouvent guère que dans des huîtres pêchées dans les mers orientales, il n'est pas sans exemple d'en rencontrer dans les huîtres communes.

On a fait beaucoup de contes sur l'origine et la formation des perles. On a cru longtemps qu'à certain jour de l'année les huîtres montaient à la surface de la mer, entr'ouvraient leurs valves et recevaient des gouttes de rosée. Ces gouttes de rosée se durcissaient et devenaient des perles.

La vérité est que la perle est produite par l'abondance de la liqueur nacrée qui, en transsudant de l'animal, au lieu de s'aplanir et de former des couches sur les parois de la coquille, a stillé par gouttes qui se sont agglomérées. Aussi, pour une perle que l'on trouve dans la partie charnue de l'huître, on en trouve mille attachées à la nacre de l'écaille ; de plus, on rencontre quelquefois des perles dans toutes les espèces de coquilles nacrées.

J'ai lu dans tous les livres que les plongeurs qui vont chercher les huîtres à perles au fond de la mer restent sous l'eau un temps prodigieux ; quelques-uns disent deux heures, les plus modérés varient d'un quart d'heure à une demi-heure. Eh bien, j'ai beaucoup nagé et plongé, j'ai connu des plongeurs de profession ; je n'en ai vu aucun rester sous l'eau plus de deux minutes et demie : je n'ai jamais atteint tout à fait deux minutes. A part cette exagération que les auteurs copient les uns sur les autres, voici comment se fait la pêche des huîtres : Un bateau a plusieurs plongeurs qui descendent sous l'eau tour à tour. Le plongeur est attaché à une corde passée dans une poulie ; il porte au cou un sac en filet, qui correspond également au bateau par une corde ; une troisième corde tient une grosse pierre dont il se sert pour descendre plus rapidement au fond de la mer. Dès qu'il touche le fond, il ramasse pêle-mêle, ou détache avec un instrument en fer toutes les huîtres qu'il rencontre, et les met dans son sac. Quand il a besoin de reprendre haleine, il en avertit en secouant la corde du sac, que l'on remonte alors et à laquelle il se tient attaché, et il abandonne la pierre que l'on remonte ensuite. Le soir, on entasse les huîtres dans de petites fosses, où on les laisse mourir et s'ouvrir d'elles-mêmes, pour ne pas endommager les perles, qui tombent au fond de la fosse. On recherche surtout les perles bien blanches. Tavernier dit en avoir vu de noires et de jaunes. La plupart des perles sont rondes ou en poire ; on en trouve d'irrégulières, bossuées, informes, produites sans doute par l'agglomération. On les appelle perles baroques; et, quoique fort grosses, elles n'ont relativement que peu de valeur.

La perle avalée par Cléopâtre dans un festin valait, dit Pline, 1,500,000 francs.

A la levée du siége d'Alger, Charles-Quint en perdit une plus grosse qu'un œuf de pigeon, que Cortez avait apportée du Mexique. C'était probablement une perle baroque. Entre les perles célèbres était celle qu'on apporta à Philippe II en 1574, laquelle était estimée 15,000 ducats ; la *pérégrine*, que possédait l'empereur Rodolphe, et qui pesait trente carats.

On trouve, dit-on, dans une petite rivière des Vosges, des moules qui renferment quelquefois des perles.

Linné avait remarqué que les huîtres piquées et taraudées par les scolopendres de mer renfermaient plus de perles que les autres. Cela s'explique assez par le désordre que doit mettre cette piqûre dans l'extension de la matière nacrée qu'exsude l'animal.

On prétendait qu'en enfermant des huîtres à perles dans des étangs où l'on réunirait en même temps un grand nombre de scolopendres, on obtiendrait des perles plus nombreuses et plus grosses.

Les perles, qui sont au cou des femmes un si charmant ornement, n'ont pas la durée des autres pierreries. Au bout d'un siècle, quelquefois plus tôt, elles jaunissent, se ternissent, et les joailliers disent qu'elles meurent. Elles n'ont plus alors ni transparence ni beauté.

Les médecins ont continué très-longtemps la

plaisanterie de faire avaler aux malades des perles réduites en poudre. Si les perles en poudre ont, ce que j'ignore, quelque efficacité contre certaines maladies, il est certain que la nacre qui revêt les parois des huîtres produirait le même effet à beaucoup meilleur marché.

J'ai un livre publié en France, avec privilége du roi Louis XIV, en 1668, en même temps que la paix d'Aix-la-Chapelle, par Jean Molbec de Tresfel, médecin. Ce livre, dit Jean Molbec, est dû en partie à M. le chevalier Digby, Anglais. Il a pour titre : *Remèdes souverains et secrets, expérimentés, avec plusieurs secrets et parfums curieux pour la conservation de la beauté des dames.*

Outre la recette de l'orviétan et celle de la thériaque, on y trouve des remèdes contre tous les maux qui affligent l'humanité, mais surtout pour conserver, comme dit le titre, la beauté des dames, comme on en peut juger par l'énoncé de certaines recettes :

«Eau rare à faire les mains et la face très-belle... — Eau qui fait la face blanche et luisante... — Eau pour faire la face vermeille... — Eau très-bonne pour faire sembler le visage de l'âge de vingt ou vingt-cinq ans..., — Eau blanchissant et décorant la face... — Huile de perles admirable pour le teint, etc. »

Dans plusieurs de ces recettes, il entre des perles pulvérisées. Il en faut également dans la composition de l'orviétan. Dans cette composition, où il entre une centaine d'ingrédients divers, on remarque « une once de la branche droite de la corne d'un cerf; — poudre de crâne humain, seulement une demi-once; — cœur de vipère, deux drachmes: — perles, une demi-once ».

Le crâne humain reparaît souvent dans les recettes du chevalier Digby. Dans certains cas, il faut y joindre de la raclure d'ongles d'une personne morte de mort violente.

Je viens d'assister à une discussion assez singulière. Trois ou quatre pêcheurs étaient couchés sur la grève; deux laboureurs les avaient abordés.

— Qu'est-ce que vous dites du temps? demanda un des laboureurs au plus vieux des marins.

— Berger, répondit le pêcheur, celui qui veut mentir n'a qu'à parler du temps.

Il faut dire, en effet, que les marins qui parlent sans cesse du temps qu'il fera, qui résument avec soin tous les signes probables de vent, de pluie, de calme ou de soleil, ne considèrent jamais leurs prévisions comme certaines. Si vous demandez à un pêcheur : « Quel temps fera-t il demain ? » il vous dira le plus souvent : « Regardez bien ce nuage là ; voyez d'où vient le vent...; je ne vous dis que ça. »

Et, en effet, il ne vous en dira pas davantage. Seulement, le lendemain, qu'il ait plu ou venté, ou fait soleil, il vous dira : « Eh bien, qu'est-ce que je vous ai dit hier ? »

Le laboureur insista et dit :

— Il n'y a que celui qui ne dit rien qui ne se trompe jamais. Croyez-vous au beau temps ?

— Qu'appelez-vous du beau temps, vous autres, les bergers ?

— Parbleu ! le beau temps, après la sécheresse que nous avons, c'est une bonne petite pluie douce, chassée par le vent d'ouest, qui vienne rafraîchir la terre.

— Ah ! voilà... Eh bien, pour nous, le beau temps, c'est une jolie brise de nord-est, qui nous permette de pêcher des maquereaux.

— Il faut pourtant bien de la pluie ; sans pluie, pas de blé, pas de légumes.

— C'est juste : on ne l'empêche pas de tomber, votre pluie ; mais, alors, que la pluie tombe sur la terre. Pourquoi pleut-il sur la mer ? Ça ne sert qu'à mouiller les marins et à leur donner des douleurs et des rhumatismes quand ils sont vieux.

II

Les baigneuses. — La femme devient le sexe fort. — L'homme n'a plus qu'à devenir le beau sexe. — Mystères et intrigues de femmes.—Une conversation saisie au passage.—De l'influence de la robe dans la vie de la femme.—Confidences en biais et coups d'épingle en ligne droite. — Axiomes sur la femme. — Pourquoi les blondes se consolent dans le deuil.

Il est sept heures du matin à peine, et déjà les femmes de toutes parts descendent aux bains à la lame. — Les hommes ne se baignent pas, ce matin, il ne fait pas assez chaud ; mais les femmes ont pour ce qui les amuse une énergie héroïque. Une femme qui a un joli costume de bain se baignerait l'hiver, se baigne par la mer la plus dure ; il n'y a plus ni froid ni peur pour ce qui lui plaît. Notre éducation, depuis quelques années, est singulière : les hommes abandonnent les exercices et se frisent ; les femmes mettent leurs cheveux en bandeaux, nagent, montent à cheval et font de la gymnastique. Grâce à ces deux tendances, elles vont devenir le sexe fort et robuste. Il faut que les hommes, s'ils veulent rester quelque chose, s'occupent activement de devenir le beau sexe. Jusqu'ici, les hommes ont exagéré leur courage, les femmes ont exagéré leur timidité ; mais ces dernières renoncent à cette comédie et ne tarderont pas à savoir à quoi s'en tenir sur la prétendue bravoure des hommes.

D'où vient que ce matin toutes les femmes se saluent avec aménité et échangent des paroles bienveillantes ? Hier, elles ne se connaissaient pas, passaient les unes devant les autres avec un air de dédain, en s'examinant de la tête aux pieds comme des chevaliers qui vont combattre et qui jettent un coup d'œil scrutateur sur la cuirasse et les armes de leurs ennemis. Ah ! j'ai le mot de l'énigme, j'aurais dû m'en douter ; les femmes ne font pas d'alliance, mais des conjurations; l'amitié de deux femmes n'est jamais qu'une haine commune contre une troisième femme. Il est arrivé hier une femme étrangère, non-seulement jolie, mais encore très-bien habillée. — Une jolie femme qui n'a pas de belles robes n'irrite pas beaucoup les autres femmes ; les belles robes sont les sacrifices offerts à la divinité. Une jolie femme qui n'a pas de belles robes, c'est une divinité *in partibus*. Une femme jolie ou non, qui a de belles robes, est une reine reconnue.

C'était une ennemie. Des femmes qui ne s'étaient jamais saluées jusque-là se sont abordées.

— Avez-vous vu la nouvelle arrivée ?

— Oui, mais je n'ai pas fait grande attention.

— Elle avait un mantelet de dentelles.

— Imitation d'Angleterre, réplique celle qui n'a pas fait grande attention.

D'autres arrivent, on se groupe ; sans explication, l'alliance est formée, on épluche la toilette ; chacun fait une petite critique, mais chacun en même temps sent que le coup ne porte pas ; il faut attaquer d'un autre côté.

Le lendemain, autre robe encore plus belle.

On arrive de bonne heure ; on s'aborde en se disant : « Eh bien ? » Il n'y a pas besoin d'en dire davantage ; on sait bien de quoi il s'agit, on n'a pas pensé à autre chose depuis la veille : on est exaspéré de la nouvelle robe. Si l'étrangère est seule, on dit : « Seule ! c'est bien singulier ! » Si elle est avec son mari, on dit, le matin : « Sont-ils bien mariés ? » A midi, on dit : « *Il paraît* qu'ils ne sont pas mariés ; » le soir : « Ils ne sont pas mariés. »

Si l'étrangère connaît quelqu'un dans le pays : « C'est bizarre de ne voir qu'une seule personne et d'éviter les autres ; » si au contraire elle est communicative, on se dit : « Elle est bien prévenante, elle fera bien de ne pas me faire d'avances, je ne me lie pas avec la première venue. »

Le troisième jour, un chapeau neuf ! Oh ! cette fois la haine n'a plus de bornes ; on n'a plus de doutes, plus d'hésitation, on sait à quoi s'en tenir sur l'étrangère : *Ça n'est pas grand'chose !* C'est à qui déguisera son envie sous un air de dédain : on tâche de l'offenser par mille petits riens.

Aussitôt qu'on a senti la nécessité de se conjurer contre l'ennemi commun, chacune a expliqué tous ses avantages. J'en ai entendu deux qui se trouvaient assises pour la première fois à côté l'une de l'autre. On commença par des assertions incontestables :

— Il fait bien chaud aujourd'hui, madame.

— Très-chaud, madame.

— Pas si chaud qu'hier, cependant.

— Je ne suis pas sortie hier, j'écrivais à mon mari, et, quand je ne lui écris pas des lettres de huit pages, il semble que tout est perdu.

Entre deux femmes qui s'abordent et qui causent pour la première fois, la première chose que chacune cherche à établir, c'est qu'il y a quelque part un homme qui a rendu assez de justice à ses attraits pour faire la sottise de l'épouser ; ensuite, que cet homme est quelqu'un de très-important et de très-riche ; ensuite, qu'il est très-épris de sa femme, tandis qu'elle ne l'est guère de lui ; enfin, qu'elle le domine entièrement. Il semble deux comédiens de province se rencontrant à Paris et se racontant leurs succès.

La première ayant dit que son mari exigeait des lettres de huit pages, la seconde a bien envie de dire que le sien se tuerait s'il ne recevait pas des lettres de seize pages, mais elle trouve un tour plus ingénieux. — Je n'ai pas un pareil souci, dit-elle, j'ai quitté Paris un peu fâchée avec M. DE Clairval ; il ne voulait pas me laisser venir aux bains de mer.

« Ma chère amie, me disait-il, quel caprice vous

prend-il donc d'aller vous enfermer dans quelque taudis, au lieu de rester tout l'été dans *votre château* où vous verriez du monde?» Il est vrai de dire qu'il a fait des dépenses folles pour me rendre agréable le séjour de *sa terre*; mais je l'avais mis dans ma tête, et je suis partie, n'emmenant *que* ma femme de chambre. M. de Clairval va me bouder pendant quelques jours; après quoi, il arrivera ici tout d'un coup.

— Oh! mon Dieu, madame...

Écoutez causer deux femmes, surtout si elles ne se connaissent pas, et comptez combien de leurs phrases commencent par « Oh ! mon Dieu, madame. »

— Oh! mon Dieu, madame, moi, je n'ai emmené personne; mon mari est forcé de *recevoir* pendant mon absence; il ne peut se passer ni de son cocher, ni de son cuisinier, et ma femme de chambre tient la maison; c'est une fille très-raisonnable qui est chez moi depuis longtemps et qui gouverne tout. Je n'aime pas à me mêler de certains détails, et elle me remplace à ravir.

— Pour moi, madame, je ne me sépare jamais de la mienne; c'est une fille qui m'est très-attachée.

Elle a peu servi ; avant d'être chez moi, elle était chez la duchesse de ***, de sorte que je l'ai trouvée toute formée au service d'une femme d'un certain genre. Je la gâte un peu. M. de Clairval me disait encore l'autre jour : « Mais cette fille est d'une coquetterie !... Elle change de robe tous les jours, et vous, je vous vois quelquefois la même trois jours de suite. »

— Pour moi, je ne suis pas fâchée d'avoir quitté Paris. J'ai passé l'hiver le plus maussade. Tous les jours du monde à dîner ; recevoir au moins une fois par semaine, et toujours voir des gens très-utiles à l'État sans doute, très-célèbres quelquefois, mais ne parlant que de politique, un mari qui revient de la Chambre, tout préoccupé d'affaires.

— Monsieur votre mari est député, madame?

— Oui, madame, répond négligemment l'autre, et comme n'attachant aucune importance à ce titre dont elle a amené si laborieusement la révélation.

— Je suis plus heureuse que vous sous ce rapport, madame : M. de Clairval ne veut pas entendre parler de politique en ce moment; l'aristocratie se retire dans sa tente, elle ne paraîtra que lorsqu'il en sera temps, etc., etc.

A écouter ces deux chères dames, il semble deux oiseleurs se montrant quels beaux oiseaux ils ont pris.

— Voyez comme je suis habile, dit l'un, comme l'oiseau que j'ai attrapé a un beau plumage !

— Le mien n'est pas moins beau, dit l'autre, et comme il chante bien !

Puis, quand on a épuisé les maris, leur mérite, leur tendresse, on arrive aux preuves positives.

— Vous avez là une bien jolie robe, madame.

Car la tendresse d'un mari ne se prouve pas par la passion, les soins : c'est futile, c'est trompeur ; ce qui est une preuve précise, mathématique, irrécusable, c'est de montrer quelles victimes il sacrifie à la divinité. « Tu dis que ton mari t'adore... Je ne m'en laisse pas imposer par des phrases. Voyons les robes qu'il te donne ! »

Les femmes ne se parent que pour se faire envie les unes aux autres (Gœthe). Donc, la première dit :

— Vous avez là une bien jolie robe, madame.

— Mon Dieu, madame, c'est une robe du matin, une petite robe.

— C'est très-gentil avant le déjeuner.

L'autre, qui n'avait atténué son opinion personnelle sur sa robe que dans l'espoir d'en relever les charmes et le mérite, ne s'attendait pas à être prise au mot si vite. Elle relève aussitôt la robe en disant :

— Elle n'a qu'un mérite, on n'en trouverait pas la pareille ; on n'en a fait qu'une pièce à Lyon, et j'ai acheté toute la pièce.

Remarquez que, dans la vie des femmes, tout a pour résultat un changement de robe, tout se termine par une robe ; toute circonstance de la vie féminine est marquée par une robe ; c'est la robe qui est le point important. On se marie, une robe. Il vient un moment où l'amour, les préoccupations d'une vie nouvelle, l'abandon des parents, tout cela disparaît devant le soin de la toilette de la mariée.

On perd une parente, la douleur est violente ; mais elle ne tarde pas à s'arrêter, il faut s'occuper de son deuil. Que porte-t-on ? quelle est la manière la plus à la mode de témoigner sa douleur ? Il faut aller chez le marchand de nouveautés, chez la modiste, chez la couturière, et on se trouve livré à de telles préoccupations, qu'il ne reste plus de chagrins, à moins toutefois que la robe n'aille pas bien, ou que le chapeau ne soit trop ou pas assez évasé ; si tout est réussi, si la robe est d'une étoffe nouvelle, si le chapeau sied bien, on ressent un bien-être volontaire, on triomphe, on est... heureuse. Toute amie, toute parente, sert de prétexte à quelques robes. On va au bal chez celle-ci, robe ; à la campagne chez celle-là, robe ; on marie la troisième, robe ; on est marraine d'un de ses enfants, robe ; on l'enterre, robe, robe et toujours robe.

La femme est un animal qui s'habille, babille et se déshabille.

Voici des vers d'un poëte mourant à sa femme :

>Ma blonde amie, — hélas ! tu vois sur mon visage
>D'une prochaine mort le sinistre présage ;
>Et tu t'es demandé souvent, la larme à l'œil,
>S'il faut mettre un volant à ta robe de deuil.
>Laisse aux brunes, crois-moi, ces douleurs si profondes.
>Il leur faut ajouter aux regrets le chagrin
>D'être laides six mois sous le crêpe. — Les blondes
>Se consolent plus tôt, — le noir leur va si bien !

Mais les barques vont venir de la pêche ; allons les attendre dans ma cabane.

N. B. — M. Alphonse Karr déclare hautement

qu'en disant ces rudes vérités aux baigneuses de Sainte-Adresse, il entend excepter toutes les dames de sa connaissance, toutes ses lectrices, toutes leurs connaissances, et toutes les connaissances de leurs connaissances.

TROISIÈME PROMENADE

I

Retour de la pêche. — Le congre. — Poisson-Protée. — La providence des colléges et des restaurants à prix fixe. — L'équille ou lançon. — Pêche à la bêche. — Où l'auteur perd son latin.

Ah ! voici une barque qui revient de la pêche. On met le poisson sur la grève. Quel est, me demandez-vous, cet énorme serpent noir, cette monstrueuse anguille ?

— C'est l'anguille de mer, le congre ; c'est un poisson providentiel ; il est commun, se conserve plusieurs jours à peu près frais et se vend bon marché. Les colléges, les pensions et tous les cabarets connus sous le nom de « restaurant à prix fixe » en font une énorme consommation. Ces derniers établissements surtout le regardent comme leur providence ; en effet,

> Protée, à qui le Ciel, père de la Fortune,
>   Ne cache aucuns secrets,

est loin de se métamorphoser aussi fréquemment que le congre, lorsqu'il

> S'efforce d'échapper à la vue *incertaine*
>   Des mortels indiscrets.

Le congre, coupé en tranches minces, et rôti sur le gril, avec une sauce blanche et des câpres, c'est du saumon.

Le même, coupé en tronçons, avec une sauce à la moutarde, c'est de l'anguille à la tartare.

En tronçons plus petits, avec une sauce au vin, c'est une matelotte d'anguille.

Dépecé en morceaux avec de la laitue, des jaunes d'œufs et une sauce mayonnaise, c'est une salade de homard.

Découpé en aiguillettes, avec de la chapelure, etc., ça s'appelle filet de sole.

On fait encore avec le congre des vol-au-vent de merlan, de la soupe à la tortue, etc., etc.

Le congre, appelé souvent anguille de mer se nomme *filat*, sur les côtes méridionales de France; *bronco*, en Italie.

Aristote l'appelle γόγγρος; Linné, murène-congre.

Le congre se tient assez souvent près de l'embouchure des grands fleuves, où il trouve plus facilement le moyen de satisfaire sa voracité qui est excessive, à cause de la migration perpétuelle que font beaucoup de poissons de l'eau douce dans l'eau salée. On le prend sur nos côtes avec des lignes dormantes.

Un autre poisson qui a, comme le congre, la forme de l'anguille, et dont on se sert quelquefois pour amorcer les lignes à prendre les congres, est le sujet d'une pêche fort singulière : c'est l'équille ou lançon, dont la longueur varie de cinq à dix pouces. Le dos est vert, le ventre est nacré ; la mâchoire fort pointue se distend au moyen d'une membrane repliée et lui permet d'avaler des insectes aquatiques assez gros.

Ce poisson se pêche à la bêche, et voici comment : Il a l'habitude de s'enfouir dans le sable de la mer, soit pour éviter d'autres poissons qui veulent le manger, soit pour manger lui-même des vers de mer dont il est très-friand. A la marée basse, on vient bêcher le sable comme on bêcherait une plate-bande de jardin : en retournant le sable, on retourne des équilles, mais la pêche n'est pas faite ; elles s'y glissent de nouveau avec une grande rapidité, et il faut les saisir avec prestesse, sous peine de les voir disparaître et de ne plus les retrouver.

Le nom de l'équille, dans les livres, est *ammodyte*. Sur nos côtes, on l'appelle aussi *lançon*.

Comme ce poisson est excellent frit, et que, d'autre part, il sert d'appât pour la pêche, il est très-connu partout. En Angleterre, on l'appelle ou *sand-eel*, ou *launce*, ou *grig* ; en Suède, *tobis* ; en Norvége, *sil* ; en Allemagne, *sands-piring*. C'est une des pêches les plus amusantes que je connaisse ; mais, quelquefois, l'équille ne s'ensable pas, et alors on bêcherait un arpent sans en rencontrer une seule. Je n'ai jamais pu prévoir par aucuns signes si elle s'ensablerait ou non. Tous les pronostics des pêcheurs se sont trouvés successivement démentis. Je pense que c'est la peur accidentelle, causée par la présence de certains ennemis dans l'eau, ou l'appétit, irrité par la présence de certaines proies dans le sable, qui les détermine.

II

Une tempête. — Deux navires en détresse. — Un naufrage. — Spectateurs prudents et sauveurs courageux. — Lefèvre et Duréeu. — Deux héros sans le savoir. — Leur récompense.

Hier, deux heures avant la fin du jour, la mer était inquiète et houleuse, le vent soufflait par rafales ; des nuages lourds, portés sans doute par un courant d'air supérieur, montaient dans une direction différente du vent qui régnait à terre. Nous étions presque tous à pêcher par le large du promontoire de la Hève. A ces signes, qui nous annonçaient du mauvais temps, nous levâmes l'ancre et nous appareillâmes pour rentrer à Sainte-Adresse. Le vent n'était pas précisément favorable pour nous conduire. Il nous fallait revenir en plusieurs bordées ; nous pensions bien que le vent ne tarderait pas à tomber à l'ouest ou au sud-ouest ; mais ce n'était pas une raison pour l'attendre, car le moment où il retomberait ainsi serait probablement le signal de la tempête. En quelques instants, tous nos canots à la voile se mirent en route, se dirigeant d'abord sur Trouville pour rabattre ensuite sur notre plage, chacun selon sa vitesse.

Un heure et demie après, les plus rapides étaient sur la grève. La mer grondait fort; elle était noire, et les lames la couvraient au loin d'une écume blanche. Ceux qui arrivèrent les derniers avaient amené et serré une partie de leurs voiles, le vent ayant sauté à l'ouest, ainsi que nous l'avions prévu. La mer était devenue tout à fait grosse, et ils eurent besoin, pour échouer, de l'aide de ceux qui étaient arrivés à terre les premiers. Nos bateaux furent hissés jusque sur l'herbe, sur le conseil des anciens; et, après nous être comptés et avoir vu que nous étions tous rentrés, nous nous mîmes à regarder les progrès du mauvais temps. Le vent soufflait en sifflant; de longues lames venaient du large, bondissaient, se brisaient en blanchissant, et couvraient la grève d'écume.

Bientôt nous vîmes deux navires anglais, venant du large, doubler le promontoire de la Hève en se dirigeant vers le Havre. Il paraissait que le vent était tout à fait déchaîné derrière la Hève, car ils avaient amené toutes leurs voiles, à l'exception de leur foc ; et cette voile, la plus petite de toutes, les faisait encore marcher plus vite qu'ils n'avaient l'air de le vouloir. La mer était furieuse. Un vieux pêcheur nous dit : « La mer monte, mais il n'y a pas encore assez d'eau dans le port pour qu'ils puissent y entrer. Ces gens-là sont en danger de la vie s'ils essayent d'entrer au Havre. »

Nous les suivîmes des yeux avec anxiété, d'autant plus que le vent augmentait sans cesse de violence et la mer de fureur. L'un des deux passa devant le Havre par le sud de la ville. Nous pensâmes alors qu'il allait en rivière, c'est-à-dire qu'il allait remonter la Seine avec le flot et que l'autre suivait la même route. Mais la nuit s'épaississait ; les nuages noirs, poussés par le vent, l'avaient un peu hâtée. Nous rentrâmes chacun chez nous ; nous n'en pûmes voir davantage.

Pendant ce temps, voici ce qui arrivait : — Le premier des deux bâtiments alla échouer au sud, à une demi-lieue du Havre, où il se brisa. Mais les hommes eurent le temps de se sauver à terre dans leur chaloupe. L'autre essaya d'entrer dans le port, manqua la passe des jetées, et se jeta derrière la jetée du sud, sur un banc appelé le *Poullier*. Là, le navire, entr'ouvert, fit une large voie d'eau; battu par la mer en fureur, il menaçait à chaque instant de se briser ; les lames l'enlevaient et le laissaient retomber lourdement sur les rochers, et des craquements horribles annonçaient qu'il ne pourrait pas résister longtemps à de si terribles secousses. La chaloupe avait été emportée par une lame. Pendant ce temps, la mer montait ; le bateau, plein d'eau, restait à rouler sur le roc : les hommes, chassés du pont déjà couvert d'eau, se réfugièrent dans la mâture, en tâchant, par leurs cris de désespoir, d'appeler du secours.

La nuit était tout à fait tombée sur la mer, et venait ajouter à l'horreur et aux périls de la situation. Il était très-difficile et très-dangereux d'aller porter secours aux naufragés. L'avis de la plupart des assistants était qu'on ne réussirait qu'à partager leur sort et à mourir avec eux. La prudence conseillait au moins d'attendre que la mer plus haute brisât sur l'écueil avec moins de colère. Les jetées étaient couvertes de monde. On ne pouvait qu'entrevoir ce qui se passait.

Cinq matelots anglais se présentèrent ; ils offrirent d'aller au secours de leurs compatriotes ; mais ils ne pouvaient tenter l'entreprise sans le secours d'un pilote français. Aussitôt Durécu, marin attaché au port du Havre, et Lefèvre, pilote de Quillebeuf, se précipitèrent dans une barque avec les Anglais. Durécu prit la barre du gouvernail, Lefèvre prit un aviron, ainsi que les Anglais, et la frêle embarcation disparut aux yeux des nombreux spectateurs, dans la nuit et entre les lames. De temps à autre, les yeux plus exercés des marins qui se trouvaient sur les jetées saisissaient quelques lueurs, et disaient aux assistants ce qui se passait. Il fallut des efforts inouïs et une adresse et un sang-froid merveilleux pour dépasser les jetées et franchir des vagues énormes et furieuses. Si le bateau en avait reçu une seule par le travers, il était rempli et coulait, et les sept marins qui le montaient étaient perdus. Tantôt on les apercevait sur le sommet d'une lame, tantôt, entre deux autres lames, ils disparaissaient tout à fait. Mais, au bout de quelques minutes, la nuit et la tempête augmentant, on ne vit plus rien. On fut un quart d'heure sans rien voir, sans rien entendre, si ce n'est qu'au milieu du bruit de la mer et du sifflement des vents, il semblait par moment entendre des cris de détresse et d'agonie. Au bout d'un quart d'heure, un marin dit : « Je crois voir quelque chose dans l'écume... Oui, c'est un bateau ! » Tous les yeux perçaient la nuit. En effet, bientôt le bateau passa avec rapidité entre les jetées, rentrant dans le port. Et Durécu, d'une voix qui domina un instant le bruit du vent et de la mer, s'écria, en passant rapidement :

— Sauvés ! tous !

En effet, ils venaient d'arracher cinq hommes à une mort certaine. Des cris d'enthousiasme et des applaudissements répondirent à cette nouvelle. On se précipita au-devant des naufragés et de leurs libérateurs. Un étranger sortit de sa poche une poignée d'or et d'argent, et voulut la donner à l'un des Français. « Ah ! monsieur..., dit-il du ton du reproche. — C'est juste ! dit l'étranger ; pardonnez-moi. » Il remit son argent dans sa poche, embrassa le marin, et se perdit dans la foule.

A Sainte-Adresse, nous ne sûmes cet événement que ce matin. Aussitôt, la mer étant presque calmée, je poussai mon canot à la mer, et je m'en allai au Havre pour voir ces hommes généreux et leur demander l'honneur de leur serrer la main. Mais tous deux, fort accoutumés à de pareils traits de magnanimité, n'avaient pas pour cela dérangé leurs habitudes. Lefèvre, faisant le métier de pilote, conduisait un navire en Seine jusqu'à Rouen, et était parti avant le jour. Durécu travaillait à gréer un navire, mais personne ne savait dans quel bassin. Je ne pourrai donc les connaître que dans quelques jours.

Si j'admirai l'indifférence de ces deux hommes sur leur belle action, je fus beaucoup moins édifié de voir cette indifférence partagée par les habitants du Havre. Les marins les ont trop accoutumés à leur courage et à leur dévouement.

Certes, je veux bien qu'on donne un banquet à un ministre, comme on a fait récemment dans cette même ville du Havre ; mais n'aurait-on pas dû rendre un honneur au moins égal à Lefèvre et à Durécu ? n'aurait-on pas dû leur offrir une fête, et les montrer entourés de l'estime, de la reconnaissance et de l'orgueil de la ville ? Ces deux grands citoyens qui, dans d'autres circonstances, ont déjà sauvé tous deux plusieurs personnes, n'on pas même reçu une médaille d'honneur. Un Anglais, trompé par un rapport fait avec négligence et indifférence par un officier du port, a envoyé un présent à un seul d'entre eux.

QUATRIÈME PROMENADE

BAPTÊME D'UNE BARQUE

I

Petitesses humaines.

Dans presque tous les livres écrits sous prétexte de philosophie ou d'histoire naturelle, on lit sur la prééminence de l'homme ces phrases singulièrement emphatiques : « L'homme est le chef-d'œuvre de la nature. — Les animaux le reconnaissent pour leur roi, dit Buffon. — Tout a été si bien fait pour l'homme, dit Bernardin de Saint-Pierre, que toutes les plantes odoriférantes sont peu élevées, etc. »

Je ne m'appesantirai pas sur cette circonstance, que, si un loup ou un tigre rencontre son roi sur le soir, il se jette dessus et le mange. — Je ne parlerai ni des acacias sous lesquels j'écris ces lignes, ni

de la clématite qui retombe en gerbes de la cime d'un vernis du Japon, du haut duquel, agitée par la brise du soir, elle secoue ses parfums enivrants. Je ferai seulement observer que l'homme lui-même, quand il parle avec tant d'orgueil de son espèce, y met beaucoup de restrictions, et n'accorde pas cette royauté à tous les hommes sans exception. Chacun, en disant cela de tous les hommes, ne le dit et ne le pense en réalité que de lui-même.
— Faites parler les gens, et vous verrez. Vous savez ce qu'est l'homme : — le roi de la nature, etc.; maintenant, demandez ce que c'est que le nègre.

— Le nègre est une espèce inférieure, l'anneau entre le singe et l'homme, une sorte de brute, née pour être esclave de la race blanche.

— Très-bien ; alors, le chef-d'œuvre, le roi en question, dont nous parlions tout à l'heure, ne doit plus s'entendre que des blancs. — Très-bien ; écoutez maintenant un Français : — Le Français est le peuple le plus spirituel, le plus élégant, le plus brave du monde !

Mieux encore; écoutez toujours : — Chaque province, chaque ville dont on n'est pas a quelque mauvaise réputation proverbiale. Du temps de

Ménage, on disait dans l'Anjou que Judas était né à Sablé, et là-dessus on avait fait ce vers latin :

Perfidus ille Judas, Sabloliensis erat.

Les Bretons disent, au contraire, qu'il est né en Normandie, entre Rouen et Caen, ce qui est constaté par une chanson :

> Judas était Normand,
> Tout le monde le dit ;
> Entre Caen et Rouen,
> Il vendit son Seigneur pour trente marcs comptants.
> Au diable soient tous les Normands !

Le Champenois est un peu bête, le Picard est entêté, le Gascon hâbleur, le Normand aime la chicane. Tout ceci ne s'arrange pas très-bien avec la majesté royale ; donc, l'homme qui est, en effet, « le roi de la nature », c'est l'habitant de la ville où vous demeurez ; de Paris, je suppose... Écoutez, en effet, le Parisien parler de la province !... Mais interrogeons-le seulement sur les divers quartiers de la capitale : « Monsieur un tel est raide, gourmé, fier de ses parchemins : il est du faubourg

Saint-Germain; — celui-ci est lourd et avide : c'est un marchand de la rue Saint-Denis; — cet autre est méthodique, rangé, mesquin : c'est un bourgeois du Marais. — C'est donc dans votre quartier qu'habite l'homme-type, l'homme roi de la nature. — Où demeurez-vous ? — A la Chaussée-d'Antin. — On en dit bien quelque chose au faubourg Saint-Germain ; mais c'est égal, parlons un peu de nos voisins : — Cette femme qui sort en voiture ? — Elle est coquette, et plus que coquette. — Cet homme qui la salue ? — C'est un fat. — Celui qui passe près de nous ? — Un intrigant. — Celui-ci ? — Un voleur. — Celui-là ? — Un lâche. — Cet autre ? — Un espion. — Arrêtons-nous ; je vois bien que c'est dans votre famille que nous devons chercher... Mais non ; votre cousin est, dites-vous, un avare sordide ; votre oncle a ruiné la famille par ses prodigalités. Il ne reste plus que votre ami ; parlez-moi de votre ami ? — Oh ! mon ami, charmant garçon, cœur d'or ! il a bien quelques défauts ; mais qui n'en a pas ? » Et, alors, vous vous parez de votre ami et de votre amitié. Vous dites du bien de votre ami, non pas pour qu'on croie ce bien que vous dites de lui, mais pour que l'on admire comme vous dites du bien de votre ami. Mais, si l'on semble prendre le change, si l'attention semble vous quitter pour l'ami en question, vous ajoutez : « Ce pauvre garçon ! il a quatre dents de moins, ça me fait bien de la peine ! » ou : « C'est un excellent cœur, mais une si mauvaise tête ! si je n'étais pas là !... » En un mot, vous ne cessez pas la conversation sur votre ami, sans vous être placé au-dessus de lui, et bénéficier pour vous-même de tout le magnifique éloge que vous en avez fait.

Donc, j'en voulais venir à ceci, que, neuf fois sur dix, lorsqu'un homme vous dit avec majesté que « l'homme est le chef-d'œuvre de la nature, le roi de la création », c'est précisément de lui-même et seulement de sa personne qu'il prétend parler. Vous n'avez qu'à lui faire dire ce qu'il pense de tous les autres hommes, ou par groupes, ou un à un, vous verrez qu'il ne les trouve ni rois, ni chefs-d'œuvre, ni rien de toutes ces belles choses.

II

Où l'homme est grand.

Pour moi, c'est surtout quand je suis au bord de la mer que je crois à la royauté de l'homme, et que je reconnais sa grandeur. Quand je vois un navire sortir du port, sans autre guide qu'une aiguille qui lui dira de quel côté est le nord, et des hommes, pendant plusieurs mois ne voyant que la mer et le ciel, braver les colères du vent et des mers, je ressens pour les marins un sentiment de respect et de vénération que je n'éprouve pas pour les autres hommes. Une seule chose me fâche un peu quelquefois, c'est de penser que ces dangers si audacieusement bravés, si bravement surmontés, n'ont pour but que de gagner de l'argent, d'aller chercher du sucre et du café, qui seront vendus par l'épicier du coin de votre rue; en un mot, que c'est de l'épicerie, de l'épicerie dangereuse.

de l'épicerie héroïque, mais cependant de l'épicerie!

Néanmoins, l'homme allant ainsi d'un monde à un autre, à travers les mers, semble roi d'Europe par droit de naissance, et d'Amérique par droit de conquête faite sur la nature. Aussi nos pêcheurs sont fiers, fiers d'être marins. Le paysan devient riche, propriétaire, conseiller municipal, maire, marguillier; le pêcheur n'est jamais que pêcheur et pauvre; mais il n'en est pas humilié; il ne se croit pas de la même espèce que les autres hommes et n'envie pas plus le sort du paysan ou du bourgeois qui passe ses jours dans l'opulence, qu'il n'envie le dîner de la chèvre qui broute l'herbe salée de la falaise. Il sait qu'il a sa richesse, il ne la changerait contre rien au monde. D'abord, il est libre, indépendant, ne reconnaissant de puissances que ces puissances nécessaires, indiscutables, le vent, l'orage, la marée!

Après la dernière révolution, — février 1848, — j'allai voir mes amis les pêcheurs d'Étretat. Je demandai à l'un d'eux ce qu'il pensait des événements alors récents. « Monsieur Alphonse, me dit-il en me montrant, les deux bras étendus, la mer verte, calme et immense, qu'est que ça nous fait?... »

Puis, après un silence de quelques instants :
« Après tout, nous ne savons pas bien ce qui se passe ; on nous a dit qu'on allait devenir tous frères ; mais, vous savez, monsieur Alphonse, nous n'avons pas attendu ça à Étretat. On a bien affiché des papiers : mais, vous savez, nous ne savons pas lire... Il y a l'aubergiste qui parle ; mais, vous savez.... on ne l'écoute pas... »

En effet, on peut comprendre combien la terre intéresse peu le pêcheur des côtes, et combien il se sent riche sur la mer. — Ce champ qu'il traverse est à M. Chaussée ; celui qu'il va traverser est à M. Thieullente. Il coupe une poignée d'herbe... Halte-là ! c'est l'herbe de M. Paul Frémont ! Un lapin sort d'un terrier, il veut le poursuivre... — Tout beau ! c'est sur la terre de M. Delahaye ; le lapin est à M. Delahaye. Un doux parfum s'exhale d'une haie d'aubépine, il en cueille une branche pour sa fiancée...
« Ne vous gênez pas, lui crie une voix de l'autre côté de la haie, arrachez ma *sére d'épine*. » Il a soif, il passe sous un pommier, il cueille une de ces pommes vermeilles que leur poids, en inclinant les

branches rugueuses et moussues du pommier, fait descendre jusqu'à sa bouche : un dogue s'élance et veut le mordre ; il est dans la cour de Pierre Acher. Partout où il pose le pied, il est sur la propriété de quelqu'un ; rien n'est à lui ; ce n'est que par tolérance qu'on le laisse faire quelques pas... Mais le voici en face de la mer ! il regarde l'Océan, deux fois grand comme la terre !... L'Océan est à lui tout entier, avec tous ses trésors... ; il suffit d'être plus brave et plus adroit pour récolter cette riche moisson, semée pour lui de toute éternité !... Les sillons que chacun trace sur la mer s'effacent derrière lui et ne lui appartiennent pas ; personne n'élève de murs, ne plante de haie, l'agent voyer n'y met pas de bornes. Le plus riche propriétaire sur la terre a des murs, des limites, des voisins ; le plus pauvre a toute la mer à lui ! aussi avec quelle ardeur, quelle joie et quelle fierté il recommence chaque jour à tracer sur l'Océan, avec la quille de son canot, ce sillon toujours refermé et toujours fécond !...Comme il s'étonne qu'on fasse un autre état, et comme il croit aisément toute niaiserie, toute stupidité qu'il vous plaira de lui raconter relativement à un berger, à un *berquer*, c'est le mot générique qu'il emploie le plus volontiers pour parler de l'homme qui travaille à la terre. Dans les intervalles qu'il doit passer à terre, regardez-le : il se couche sur l'herbe, regarde la mer, parle de la mer. Il ne connaît guère ni une plante, ni une fleur; jamais vous ne verrez un pêcheur assis à terre tourner le dos à la mer; toujours il la regarde et l'étudie ; il ne parle pas volontiers d'autre chose, mais, de quoi qu'il parle, ne craignez pas de distraire son attention, il suit des yeux ce navire qui vient du large, et, de sa marche et de la disposition de sa voilure, il juge du vent qui souffle au détour de la Hève, là où ses regards ne peuvent porter. Ces grandes mouettes lui indiquent quelle marche suivent les petits poissons que poursuivent les maquereaux sous l'eau, tandis que les mouettes les chassent au-dessus. Les nuances de la mer, celles du ciel, tout lui parle; c'est un livre sans cesse ouvert, qu'il lit sans cesse.

Il y a, à propos d'autres livres, des idolâtres qui affectent de lire toujours les mêmes ouvrages. Passerat avait lu quarante fois Plaute : Madame Dacier avait lu deux cents fois Aristophane; Alfonse le Sage, roi de Castille, avait lu quatorze fois toute la Bible avec les commentaires ; on cite un iman qui avait lu sept mille fois le Coran. Il y a des gens qui prétendent qu'ils emportent partout et lisent sans cesse *leur* Horace ; c'est bien peu de chose auprès de nos pêcheurs, qui ne détournent jamais les yeux de leur beau livre ! — Les jeunes y épèlent, les vieux y lisent ; livre sans fin, sans monotonie ; livre qu'on lit toujours sans l'avoir jamais lu !

III

Un esprit fort.

Aujourd'hui, tous les pêcheurs sont réunis autour d'un canot, et ce canot est le sujet de toutes les conversations. C'est un canot neuf, il n'a pas encore été mis sur la mer ; personne d'ailleurs n'aurait consenti à le monter, il n'est pas baptisé. Le baptême se fera dans une demi-heure. On examine le canot dans tous ses détails. Chacun exprime et discute son opinion. Pour un pêcheur, un canot a toute l'importance qu'a un cheval pour le cavalier arabe.—Le canot a-t-il ou n'a-t-il pas assez de *bau* (de largeur aux épaules), et son maître-bau (sa plus grande largeur) est-il bien placé ? Aura-t-il de la marche ? ira-t-il mieux à la voile ou à l'aviron ? il est cloué et rivé en cuivre. « *Il est comme cousu*, dit un pêcheur. — C'est un petit bateau à pendre dans une église, » dit un autre qui revient du banc de Terre-Neuve et qu'à cause de cela on appelle *le Banquier*. Généralement, sauf quelques critiques de détail, le canot est approuvé, on déclare que celui qui l'a construit n'est pas un berger. Mais les cloches de l'église commencent à sonner, le curé va descendre. A-t-on tout préparé ? le canot est voilé comme s'il était sur la mer. On a eu soin de réunir tous les agrès, jusqu'aux avirons, à l'ancre et au câble. Si quelque chose échappait à la bénédiction divine, c'est par là que l'embarcation périrait, comme Achille par son talon.

Deux jours auparavant, j'avais fait une lâcheté, car c'est à moi que le canot appartient. *Une dame* avait désiré être marraine du canot. J'avais cédé à ce désir malgré quelque répugnance, car d'ordinaire j'ai toujours pris mes compères et mes commères parmi les pêcheurs. Une concession en avait amené une autre : j'avais voulu d'abord lui donner un marin pour compère, mais on avait assez mal dissimulé quelque répugnance, et on avait prétexté le désir d'être agréable à M. Anthime, l'homme aux ichthyosaurus, et j'allai lui en faire la proposition. Je ne le trouvai pas chez lui, et il vint me voir le soir; il y avait chez moi trois ou quatre personnes, et entre autres la commère désignée. J'expliquai à M. Anthime le but de ma visite. Il parut offensé et son nez devint cramoisi.

— En sommes-nous donc encore à ces momeries, me dit cet esprit fort, et l'empire de la superstition ne pourra-t-il jamais être détruit ? Est-ce bien vous, monsieur Stephen, qui devriez encourager par votre exemple de pareilles pratiques et faire semblant de croire que quelques paroles prononcées par un prêtre pourront assurer les quelques planches sur lesquelles vous voulez vous confier aux hasards de la mer, contre la foudre et le vent et les vagues ?

On s'était rassemblé autour du savant, et l'attention de l'auditoire l'animant, il continua sur ce ton et pérora pendant une bonne demi-heure contre les pratiques religieuses, les empiétements du clergé et la superstition, etc.

Quand je pensai le discours fini, j'essayai de lui répondre. « Mon cher monsieur, lui dis-je, ces gens-ci croient que le Dieu qui a fait la mer et qui lui a imposé ses limites s'est réservé sur elle quelque puissance, et qu'il peut à son gré exciter ou apaiser la tempête. Quelle preuve pourriez-vous donner du contraire, vous autres savants qui passez votre vie à prendre des effets pour des causes, et qui n'avez pas encore pu expliquer d'une façon satisfaisante le phénomène de la marée, que vous attribuez à l'influence de la lune à cause de la coïncidence des phases de cette planète avec l'élévation et l'abaissement des eaux, sans prendre la peine de résoudre cette objection assez capitale : Comment se fait-il que la Méditerranée, qui semble être sous la lune comme l'Océan, n'en reçoive pas la même influence ? Quand deux charrettes marchent l'une derrière l'autre sur la même route, ce n'est pas une démonstration que la première traîne la seconde, ou que la seconde pousse la première. Les phases de la lune, comme les marées de l'Océan, sont deux effets simultanés d'une cause encore inconnue. Mon cher monsieur, ajoutai-je, je n'ai pas la hardiesse de vouloir défendre Dieu et plaider en sa faveur par-devant votre tribunal. Mais parlons seulement de nos braves marins. Leur existence n'est pas semblable à la vôtre. Contre tous les accidents qui vous menacent dans la vie, un commissaire de police, le maire de la commune, le garde champêtre lui-même peuvent vous protéger. Mais à chaque instant le marin se trouve dans des dangers où toute la puissance humaine ne peut plus rien pour lui. Quand un navire est roulé par les vagues, démâté par le vent, entr'ouvert par les rochers, réunissez sur le rivage les empereurs, les rois, les princes, les magistrats, les ministres de toute la terre, ils ne pourront faire pour les sauver que des vœux stériles ; toutes ces puissances, toutes ces majestés, tous ces terribles humains, ne pourront calmer les flots ni apaiser le vent cinq minutes plus tôt ; comment voulez-vous que le marin en péril ne cherche pas plus haut un secours que les puissances de la terre ne peuvent lui donner! Je voudrais vous y voir, mon cher monsieur Anthime.

Une seule fois, sur un bateau de pêche, je me suis trouvé dans un grand danger; nous étions à dix lieues de toute terre, la tempête s'était soulevée avec tant de furie, qu'on n'avait pas eu le temps d'amener la grande voile, qui nous aurait fait chavirer et qu'un matelot avait dû déchirer à coups de couteau. Nos mâts étaient brisés, notre gouvernail enlevé; les lames balayaient le pont de telle sorte que nous nous attachions après les tronçons des mâts pour ne pas être emportés. Les pêcheurs qui montaient le bateau étaient des hommes expérimentés et qui avaient donné cent fois dans leur vie d'admirables preuves de courage; c'étaient de plus des hommes d'une taille et d'une vigueur qui rappelaient les demi-dieux de l'antiquité. Ils luttèrent bravement et opiniâtrément contre la tempête: mais, malgré leurs efforts, la barque dérivait fatalement vers un banc de rochers cachés sous l'eau, mais dont ils savaient bien la position. Elle allait s'y briser en éclats. Le patron, un homme de six pieds, debout à l'arrière, ôta son bonnet rouge de dessus ses cheveux gris, et dit d'une voix solennelle: « Maintenant, garçons, nous allons prier le bon Dieu et la bonne Vierge! » Tous ôtèrent comme lui leur bonnet de laine, et, au milieu du bruit du bateau qui craquait, de la mer furieuse qui brisait, du vent qui sifflait, il prononça une courte prière.

» La prière dite, on se remit à la besogne : avec des débris d'avirons, on installa un gouvernail; avec un morceau de mât, on hissa un morceau de voile, et on recommença la lutte silencieusement et avec une force nouvelle. Mais le vent poussait toujours la barque vers les récifs; quand on voulait tourner le cap d'un autre côté, la voile retombait vide sur le mât. Nous n'étions plus qu'à quelques toises de l'endroit où nous devions nous briser, lorsque le patron, pour retarder l'événement plus que pour l'éviter, porta la barre de côté. O surprise! ô joie! cette fois, la voile se gonfle, le vent a changé de direction; la barque obéit à la main du patron, nous rasons les récifs sans les toucher, et, trois heures après, aux acclamations de la foule pressée sur les jetées, nous entrions dans le port de Fécamp.

» Comment prouveriez-vous aux pêcheurs qui montaient *le Saint-Pierre* que leur prière n'a été pour rien dans le changement de direction du vent? Et, si vous pouviez le leur démontrer, quel avantage ressortirait-il pour eux de cette démonstration ? Que leur donneriez-vous à la place de cette confiance, et de cet espoir ? Promettriez-vous de les aider dans le danger ? Leur conseilleriez-vous d'invoquer M. le ministre de la marine dans le naufrage ? »

M. Anthime s'en alla un peu fâché. Je revins à l'idée de prendre pour parrain mon vieil ami le pêcheur ; la marraine se dit malade. Alors, j'allai prier la fille d'un autre pêcheur, et mon premier projet se réalisa à ma grande joie. Pierre est le plus vieux marin de notre plage ; il a soixante-dix ans ; Marie n'a pas seize ans : deux âges respectables à l'égal l'un de l'autre, la belle et honnête vieillesse, la jeunesse innocente et fleurie. Au son des cloches, le curé arriva sur la plage ; un enfant de chœur portait la croix, un autre portait du blé, du sel et de l'eau bénite. Tout le monde se découvrit, et le prêtre chanta en latin : « Seigneur, vous domptez l'orgueil de la mer et vous calmez la violence des flots. » Puis il lut l'évangile où le Christ s'endort dans une barque assaillie par la tempête. Les disciples effrayés le réveillent. Jésus les réprimande de leur peu de foi, et commande de se calmer aux vents et à la tempête.

Puis il jeta sur le bateau le sel, emblème de la sagesse, le blé, signe de prospérité. Il prononça à haute voix le nom du canot, l'aspergea d'eau bénite, et remonta à l'église en recommençant les chants.

Alors, on distribua des dragées aux assistants. .

. . . .

IV

Un esprit faible.

Ce baptême m'en rappelle un autre.

Il y a quelques années, dans une petite commune qui n'est éloignée d'ici que de quelques lieues, il arriva un jour un très-beau monsieur, qui inscrivit sur le livre de l'aubergiste son nom : baron***. L'aubergiste se hâta d'expliquer aux pêcheurs ce que c'était qu'un baron, — un seigneur, une sorte de prince, quelqu'un de très-riche. — M. le baron ne méritait guère une telle définition qu'au dernier titre : c'était un baron de fabrique moderne, un baron de la Bourse. Il était arrivé depuis quelques jours et pensait à s'en aller dans la prévision de l'ennui, lorsqu'il apprit qu'on allait baptiser une barque de pêche qui venait d'être terminée. Il se fit expliquer la cérémonie, et eut la bonté de dire qu'il serait volontiers le parrain du bateau. L'aubergiste se hâta de lui répondre que les pêcheurs seraient comblés de joie de tant d'honneur, et se chargea d'aller leur en faire la proposition. Ce n'était pas aussi facile à arranger qu'il l'avait cru d'abord. Les pêcheurs ne partagèrent pas son enthousiasme. La fille du maître devait être marraine avec son fiancé, et on n'avait pas envie de rien changer à ce projet. Mais l'aubergiste insista; il avait fort à cœur le festin splendide que ne pouvait manquer de lui commander à ce sujet M. le baron; et il usa de toute son influence. Cette influence est puissante; il est maréyeur, c'est-à-dire qu'il achète aux pêcheurs leur poisson qu'il envoie vendre à Fécamp ou au Havre, ou qu'il expédie à Paris. De plus, il est membre du conseil municipal de la commune. On finit par céder à ses instances. Il fut décidé que Léocadie, la fille du maître, resterait marraine, et que Césaire, le fiancé, céderait sa place à M. le baron.

Notre baron de la Chaussée-d'Antin avait quelques notions maritimes. Il avait lu quelques livres et avait fait partie de l'équipage d'une embarcation qui avait fait parler d'elle sur la Seine, entre Asnières et Saint-Ouen. Peut-être avez-vous rencontré quelquefois *la Néréide*, embarcation de quinze pieds, chargée de plus de cordages et de voiles qu'un vaisseau de ligne, toujours coquettement pavoisée et montée par une *équipe* de vrais loups de mer. Le baron y avait obtenu le grade d'enseigne ; mais on avait un peu murmuré à ce sujet contre les empiétements de l'aristocratie et les priviléges de la noblesse. Toujours est-il qu'il avait porté tout un été le surcot et le caban des pêcheurs de morue, et le paletot et le cotillon que les marchands vendent un peu plus cher que neufs, mais tout rapiécés et tout tachés de goudron, aux véritables amateurs. Il avait commandé avec un porte-voix, et débité tous les mots anciens et nouveaux qui sont d'usage, surtout sur la Seine, auprès de Paris. Il crut, en conséquence, ingénieux pour la cérémonie du baptême de revêtir son costume de pêcheur du banc de Terre-Neuve, qu'il avait apporté d'Asnières. Mais l'aubergiste se permit quelques respectueuses observations, et lui fit comprendre que les pêcheurs auraient tous leurs plus beaux vêtements, et que ceux qui ne seraient pas neufs, seraient au moins propres; que l'on s'attendait que M. le baron serait comme eux, et mettrait ses *hardes* et *morceaux* du dimanche, et que venir en vareuse sale et en cotillons tachés de goudron pourrait ressembler à du dédain, ce qui serait fort mal pris. M. le baron céda aux prières de l'aubergiste et s'habilla magnifiquement. La cérémonie eut lieu comme elle vient d'avoir lieu pour mon canot, quoiqu'il s'agît d'une belle barque de pêche. M. le baron (de la finance) crut devoir marquer, par un sourire amer, pendant le baptême, qu'il ne partageait pas la superstition de ces bonnes gens. On n'y fit pas grande attention. Les dragées furent distribuées avec profusion ; et, en résumé, on fut assez content du baron. Le baptême fini, on alla dîner. L'ordonnance du festin était telle, que jamais on n'avait rien vu de pareil dans le bourg. D'abord, on n'avait servi que du vin ; mais le cidre fut énergiquement réclamé, et dut reparaître sur la table. Le baron fit de son mieux les honneurs du dîner, et il fit boire les pêcheurs le plus qu'il lui fut possible.

— Monsieur le baron, demanda le maître de la barque, nous n'avons pas bien entendu le nom que vous avez donné à M. le curé pour le bateau.

— Paméla. (Je ne vous dis pas ici le véritable nom que répéta M. le baron *** ; je remplace par Paméla le nom très-connu d'une trop célèbre comédienne de Paris.)

— Nous ne connaissons pas cette sainte-là, dit le patron.

— Aussi n'est-ce pas une sainte, reprit le baron.

— Est-ce le nom de votre mère ? dit la femme du patron.

— Ou celui de votre sœur ? demanda Césaire.

— Ou celui de votre fiancée ? dit Léocadie.

— Rien de tout cela ; c'est le nom de la charmante actrice de Paris. Elle rira bien quand elle saura qu'une barque de pêche a été baptisée sous son nom, ajouta avec mauvais goût le baron, qui croyait se faire applaudir.

— Une actrice ! répéta le patron stupéfait. N'est-ce pas comme qui dirait une baladine, une sauteuse, une femme qui travaille sur un théâtre ?

— Avec cette différence, reprit le baron, que celle-là a pour trois cent mille francs de diamants, et qu'au bois de Boulogne sa voiture éclipse les équipages des duchesses. — Buvons à sa santé, poursuivit le parrain. Allons, garçons, remplissons les verres, mille tribords !

Presque tout le monde resta silencieux ; quelques-uns, qui causaient entre eux, aux deux bouts de la table, n'avaient pas entendu ce qui venait de se dire ; d'autres étaient déjà étourdis par le vin, auquel ils ne sont pas habitués. Ces derniers seuls choquèrent bruyamment leurs verres avec celui du baron ; mais les vieillards, les femmes et ceux qui avaient entendu et compris, laissèrent leurs verres pleins sur la table, et échangèrent des regards étonnés.

Le baron était à moitié gris lui-même.

— Allons, dit-il, comme dit la chanson normande :

> Remplis ton verre vide,
> Vide ton verre plein.

> Ne garde jamais dans ta main
> Ton verre ni plein ni vide,
> Ton verre ni vide ni plein.

Mes amis, voici le moment de chanter quelques chansons, et, par la sainte-barbe, vous verrez que je ne demeurerai pas en reste avec vous. Qui est-ce qui commence ? — Voyons, ma jolie commère, une petite chanson un peu gaie.

Léocadie hésita, puis se décida, et, d'une voix tremblante, les yeux sur son assiette, elle commença un cantique à la Vierge,

> Claire étoile de la mer,
> Sauvez-nous dans le danger!

dont tout le monde répéta le refrain en chœur.

Quand elle eut fini, on commença à verser du vin de Champagne, qui fut généralement déclaré « un drôle de cidre. » Puis, le baron : « Assez de cantiques comme ça, mille caronades ! Des chansons de matelot, des chansons du gaillard d'avant, mille bombes ! Du poivre ! »

On s'entre-regarda, et on désigna un vieux pêcheur qui avait servi dans le bataillon des marins de la garde impériale, comme le seul qui pût chanter une chanson un peu plus forte. Lui ne se fit pas prier. C'était une chanson assez gaie, mais fort honnête, dont le refrain fut également répété en chœur, avec un enthousiasme qui fit trembler les vitres.

A ce moment, en partie par l'habitude de laisser les hommes à table, en partie parce que le baron commençait à être trop attentif pour Léocadie, qu'il avait placée à côté de lui, la femme du patron donna le signal, et les femmes sortirent de la salle. M. le baron suivit quelque temps Léocadie du regard, mais, s'apercevant que Césaire se disposait à la suivre :

— Mort et furie! Césaire, s'écria-t-il, ne sortez pas ou vous serez porté comme déserteur, et buvons à ma filleule, la jolie et, j'espère, l'heureuse barque *Paméla*. Ah! la charmante personne que Paméla! Je l'ai vue boire trois bouteilles de vin de Champagne sans être plus émue que vous et moi. Mâts et cordages! elle fume des panatellas d'une façon ravissante. Je veux lui porter une pipe culottée par un des marins de la barque qui reçoit son nom. Mais, nom d'une espingole! on ne boit pas ici; on ne chante pas! Attention! je vais vous en chanter une bonne, une jolie, une vraie chanson de marin fini. — Le baron vida son verre et entonna une chanson révoltante. — Eh bien, dit-il après le premier couplet, et le refrain, il faut reprendre le refrain en chœur avec moi. Deuxième couplet... — Après le deuxième couplet, il attendit, mais personne ne répéta le refrain ; au troisième couplet, les vieillards se levèrent et furent suivis des hommes d'un âge mûr. Bientôt tout le monde sortit, et il ne resta avec M. le baron que ceux d'entre les pêcheurs qui s'étaient enivrés, parlaient tous ensemble sans rien entendre, ou dormaient sur la table. M. le baron s'écria : — Je ferai pendre les déserteurs à ma grande-vergue, je le jure par mon sabre d'abordage ; puis les yeux voilés, la langue épaissie, il s'endormit en murmurant le dernier couplet de sa chanson.

Pendant ce temps, dans la maison du patron de la barque, on était fort tourmenté. — Comment oserons-nous aller à la mer, en traînant un pareil nom à notre arrière, disaient-ils, nous qui y mettons toujours des noms de saints et de saintes, pour qu'ils nous protégent dans le danger et nous fassent faire une heureuse pêche ?

A quelques jours de là, M. le parrain étant parti, on fit une demande à la douane pour obtenir autorisation de changer le nom de la barque ; mais la douane est très-sévère pour ces changements de noms qui, outre une confusion inévitable, entraîneraient plusieurs autres inconvénients graves. Il n'y eut pas moyen de substituer un nom chrétien à celui de *Paméla*. Il y a plusieurs années de cela ; ils disent que c'est un bateau maudit, et qu'ils n'ont jamais fait une bonne pêche avec. Je l'ai rencontré hier à la mer, et moi-même ce nom m'a choqué en le voyant à cette place. Ils m'ont dit qu'ils étaient en marché pour le vendre à un pêcheur de Fécamp, mais qu'ils se garderaient bien de lui expliquer le nom.

Franchement (pour finir par où j'ai commencé), des hommes tels que ces braves pêcheurs ne sont-ils pas plus grands que des hommes tels que M. le parrain *** ?

CINQUIÈME PROMENADE

LES CURIOSITÉS DU FOND DE LA MER

I

Prairies marines. — Varech. — Plantes comestibles. — Une collection perdue. — L'étoile de mer. — L'œuf de raie. — Neuf millions d'œufs dans un poisson. — Manière de les compter. — La sèche. — L'anémone de la mer. — Le poisson qui tousse, etc.

La mer est basse ; promenons-nous sur les rochers et sur les sables qu'elle laisse à découvert. La première singularité qui frappe notre vue, c'est que le fond de la mer a ses prairies comme la surface de la terre ; plantes et herbes fort différentes cependant de celles-ci. Elles ont reçu les noms de *fucus*, algues, zostères, etc. ; on les appelle goëmons sur les côtes de Bretagne, et *sart* dans l'Aunis. Leur nom de varech, qui est le plus ordinairement employé ici, demande quelques explications. On appelait autrefois varech tout ce que la mer jette sur ses bords, soit de son cru, soit qu'il vienne de bris ou de naufrage. Les droits que les anciens seigneurs normands prétendaient sur ce que la mer pousse sur ses rivages, s'appelaient droits de varech. On lit dans l'ancienne coutume de Normandie : *Tout ce que l'eau aura jeté ou bouté à terre est varech :* et par l'article 596 d'une coutume moderne, abrogée cependant depuis par le Code civil, sous le nom de varech sont comprises *toutes choses que l'eau jette à terre par tourmente et fortune de mer, ou qui arrivent si près de terre qu'un homme à cheval y puisse toucher avec sa lance.* Si le propriétaire les réclamait *dans l'an et jour,* elles lui étaient restituées ; *après l'an et jour,* elles appartenaient au seigneur féodal et au roi. On disait indifféremment droit de varech ou *chose du flot,* droit de bris ou *de naufrage.*

L'usage le plus général que l'on fasse des varechs consiste dans l'engrais des terres ; on brûle le varech pour en tirer de la soude et de l'iode. Les *zostères* servent à faire des matelas aussi élastiques et à peu près aussi agréables que ceux que l'on fait en crin. Cet usage, nouveau en France, est très-ancien sur les côtes de la mer Baltique.

Linné avait décrit une soixantaine de plantes

marines. On en connaît aujourd'hui plusieurs centaines, et on est loin de les connaître toutes ; quelquefois, après un coup de vent, on trouve sur les grèves des débris de plantes qu'on ne rencontre jamais, même dans les marées les plus basses, et qui ont été arrachées sans doute à des profondeurs inaccessibles à l'homme.

Plusieurs sortes de plantes marines sont comestibles.

Le *fucus saccharinus*, ou *baudrier de Neptune*, dont les feuilles sont de la largeur de la main, et ont souvent six pieds de longueur, se couvrent en séchant, lorsqu'il a été lavé à l'eau douce, d'une efflorescence blanchâtre qui a le goût du sucre. Le *fucus digitatus*, qui produit également du sucre, était autrefois consacré aux sorcières de l'Islande ; c'était, disait-on, la nourriture des chevaux marins qu'elles savaient dompter. Les habitants pauvres du nord de l'Écosse et de l'Irlande mangent le *fucus palmatus* cuit dans du lait, ou cru en salade après quelques préparations. C'est avec des varechs que les salanganes, espèces d'hirondelles, construisent ces nids dont se montrent si friands les Chinois, qui les payent au poids de l'or, et les regardent comme un mets délicieux.

Ils les appellent *saroi-bura*, et les mangent avec du gingembre. Ces nids, que l'on recueille dans les mers de la Chine, sur les bords de l'île de Java, de Sumatra, des Moluques, etc., ont, étant secs, la consistance de la cire; bouillis, ils ressemblent à des cartilages de veau.

On recueille sur nos côtes, sous le nom de *criste marine*, une sorte de *fucus* qui se mange confit dans le vinaigre comme les cornichons. Depuis quelque temps, on les fait cuire et on les assaisonne comme des haricots verts, dont ils ont assez le goût, mêlé au goût du pourpier. Ce n'est pas du tout un mets désagréable.

Une grande quantité de poissons, d'amphibies, de mollusques, de crustacés, se nourrissent de ces plantes marines et y trouvent un asile contre les voraces poursuites de leurs ennemis.

De même que, sur la terre, les divers végétaux habitent des températures différentes, de même les diverses plantes marines, ne vivent ou du moins ne végètent vigoureusement qu'à diverses profondeurs.

Ainsi, au-dessous de soixante pieds sous l'eau, on ne trouve plus de *ceramium*; les *ulves* sont rares au-dessous de quarante pieds de profondeur. Après cent pieds, tous les varechs semblent disparaître. ils sont remplacés par les polypes. Là sont les limites du règne végétal.

Je ne vous dirai pas les noms des plantes aquatiques. Ma première raison est que je suis loin de connaître toutes ces plantes, encore moins tous leurs noms. Les savants, ambitieux parrains, ont donné quelquefois des noms différents à une seule. Remarquons seulement la variété extrême de leurs formes. Celle-ci semble, par la couleur, la consistance et la forme, un énorme peigne d'écaille dont les dents se prolongent en lanières transparentes. Celle-ci a les feuilles de la laitue. Telle autre est un lacet rond de plusieurs mètres de longueur. En voici une dont les feuilles ressemblent à des feuilles de chêne étroites. Sur ces feuilles sont des globules qui sont, dit-on, pleins d'air, et la soutiennent sur l'eau. Peut-être et plutôt sont-ce des galles comme celles que l'on voit sur les feuilles de chêne terrestre qui servent d'asile à des insectes. D'autres herbes ressemblent à des mousses; aucune mousse n'a un plus joli feuillage ni de plus fines découpures; elles sont de toutes les nuances de la pourpre, depuis le rouge presque orange jusqu'au violet.

Dans un hiver que j'ai passé à Étretat, étant encore fort jeune, j'avais recueilli une très-grande quantité d'herbes marines ; je les avais étalées et disposées dans un énorme cadre que m'avait fait un menuisier du cru. C'était un tableau très-curieux et très-intéressant, et qui sans doute aurait pu être de quelque secours à la science très-incomplète sur la Flore marine. Peu de savants passent un hiver, les pieds dans l'eau, à cueillir des herbes, et les tempêtes de l'hiver apportent sur les plages beaucoup de plantes arrachées à des profondeurs inaccessibles. Obligé de revenir à Paris précipitamment, je laissai mon cadre chez l'aubergiste, en annonçant que je le ferais prendre à la première occasion. Un jour, je trouvai, chez mon portier, à Paris, le cadre vide avec ce mot : « Monsieur, j'ai cru vous être agréable en me chargeant de vous apporter un cadre que vous aviez laissé à Étretat ; j'ai jeté des herbes qui étaient dedans ; mais j'ai réussi à ne pas casser le verre. — Votre dévoué. »

Je veux bien ne pas imprimer le nom de ce malheureux, qui est un peintre ; mais, si ces lignes tombent par hasard sous ses yeux, il y verra pourquoi je ne l'ai pas remercié, et pourquoi il m'a trouvé absent lors des quelques visites qu'il a bien voulu me faire depuis.

La mer a jeté sur le rivage quelques objets qui ont la forme d'une étoile grande comme la main, et sont de couleur orange. La plupart ont les cinq pointes que l'on attribue aux étoiles. On en a trouvé au confluent du Sund qui avaient jusqu'à treize rayons. On en apporte des Indes qui en ont trente-huit, mais on les appelle *soleils de mer*. Il y en a sur les rivages de la Méditerranée qui sont armés de longues épines.

Mais l'espèce la plus ordinaire est divisée en cinq rayons; elle est revêtue à sa surface d'un cuir granuleux, chagriné, de couleur qui varie de l'orange au brun rouge. En dessous, chaque rayon est couvert d'une multitude de fausses jambes; on en a compté sur une seule étoile près de seize cents. Ces fausses jambes sont des suçoirs assez semblables aux cornes des limaçons; ces jambes ne les portent que très-lentement d'un lieu à un autre, mais leur servent principalement pour se fixer sur les pierres, sur le sable, ou sur les coquillages dont elles se nourrissent. Au milieu du corps est une ouverture sphérique, c'est la bouche de l'animal ; autour de cette bouche se trouvent cinq dents osseuses. Tenez-vous pour averti que cela est vivant, mange et a des dents ; autrement, vous risqueriez fort de ne pas vous en apercevoir, et de prendre les étoiles de mer pour quelque chose qui tiendrait le milieu entre les pierres et les éponges.

Quel est ce fruit? est-ce une châtaigne de mer ? Il est carré, en forme de coussin ; chacun de ses coins est muni d'un appendice ; son écorce a la consistance et un peu la couleur des fruits du châtaignier : ce n'est pas un fruit, c'est un œuf ; c'est un œuf de raie. Longtemps on a pris ces œufs pour une végétation ; plus tard, on a cru que c'était un animal, qu'on a appelé rat de mer. La raie ne pond pas, comme les autres poissons, des milliers d'œufs à la fois, presque tous les œufs s'ouvrent et éclosent dans le corps de la raie, et sortent successivement par un, deux et trois, en apparence à la manière des animaux vivipares, mais en réalité comme ceux de certains serpents qui n'en sont pas moins classés dans les animaux ovipares. Quelques œufs cependant, chassés dehors, flottent au gré des eaux ou restent dans les herbes. Alors, les raies naissent comme les autres poissons et se passent de cette incubation intérieure. Ouvrons cet œuf. Voici toute vivante la petite raie, large comme l'ongle du pouce. L'embryon de raie traîne à son ventre une partie du jaune de l'œuf dont il tirera sa nourriture encore pendant quelques jours; puis, à mesure que le poisson grandira, le jaune diminuera et finira par disparaître.

Je vous parlais tout à l'heure de poissons qui pondent des œufs par milliers ; c'est peu : dans le genre des gades, genre qui contient les morues, les merlans, les merluches, etc., on a trouvé dans une seule femelle plus de neuf millions d'œufs, assure M. de Lacépède.

Vous me demanderez comment on est parvenu à compter neuf millions d'œufs? Par un procédé très-simple. On pèse la masse des œufs d'un poisson, ensuite on en sépare une petite partie que l'on pèse également ; on compte ce que cette petite partie contient d'œufs; on n'a plus qu'à multiplier le nombre des œufs trouvés dans cette petite partie autant de fois que le poids de cette portion est contenu dans le poids de tous les œufs réunis. Cherchons un peu dans les flaques d'eau que la mer a laissées entre les roches, nous allons trouver d'autres œufs sans doute, dont la configuration n'est pas moins singulière que celle des œufs de la raie. Voici précisément ce que nous cherchons. Il semble voir une grappe de raisin noir ; cette grappe est formée d'œufs agglomérés ; ouvrez un des grains, vous reconnaîtrez la petite *sèche* en son entier ; on distingue très-bien ses yeux, son corps, l'os qui le couvre, et le sac où la liqueur noire est contenue. En Languedoc, ces grappes sont désignées sous le nom de raisin de sèche. La sèche est encore plus singulière que ses œufs. Approchons-nous de ce parc entouré de filets, dont le pêcheur retire les poissons, il serait bien étonnant qu'il n'y eût pas quelque sèche parmi ces poissons. En voici une. La sèche est difforme ; sa tête ressemble en fort petit à la tête de l'éléphant. L'animal, auquel on donne, dans les livres, jusqu'à deux coudées de long, ne s'est jamais présenté à moi plus grand qu'un pied et demi ; il porte sur le dos, sous la peau, un os blanc, fongueux, que l'on voit si fréquemment, sous le nom de biscuit de mer, accroché dans les cages des oiseaux qui, assure-t-on, y aiguisent leur bec. Les écrivains s'en servent pour effacer l'écriture sur le papier, les orfévres, pour y creuser les moules des petits objets. La sèche porte à l'extrémité de la tête huit trompes garnies de petits suçoirs mobiles qui lui servent à saisir et à retenir sa proie : deux autres trompes plus longues lui servent d'ancre pour se tenir aux rochers. Au centre de ces trompes est un bec qui paraît de la substance de la corne, et qui, pour la forme et la couleur, ressemble à un bec de perroquet. Dans le ventre de la sèche est une vessie remplie d'une liqueur très-noire, que Cicéron a appelée encre, et dont Perse prétend qu'on se servait de son temps pour écrire. On assure que cette liqueur noire, mêlée à de la pâte de riz, compose l'encre de Chine. J'ai entendu dire par des pêcheurs, et j'ai lu dans des livres que les œufs dont nous avons trouvé une grappe, sont blancs au moment où la femelle les pond, mais que le mâley répand de cette liqueur qui les teint en noir.

Ce qu'il y a de certain, c'est que la sèche lance au loin cette liqueur, qui colore l'eau et l'entoure d'un nuage noir qui lui permet, soit d'échapper à ses ennemis, soit de surprendre sa proie.

Quand la sèche est hors de l'eau, elle tousse aussi

fort que pourrait le faire un homme. On ne se représente pas volontiers un poisson enrhumé ; mais, si nos rhumes sont causés par le brusque changement de fluide ou de température, nous comprendrons qu'un poisson s'enrhume chez nous comme nous nous enrhumons chez lui. Il est évident que le poisson hors de l'eau meurt asphyxié dans l'air, hors duquel nous ne pouvons vivre, absolument comme nous mourons asphyxiés dans l'eau.

Si la sèche nage fort vite, en revanche voici un animal qui ne marche guère et peut-être ne marche pas du tout. Je ne l'ai jamais vu qu'adhérent à quelques roches que la mer ne laisse découvertes qu'à la marée basse. Nous en voici tout entourés ; on l'appelle *anémone de mer*. En effet, quand il s'entr'ouvre et qu'il laisse voir ses petites trompes, on croirait admirer des anémones doubles ; le corps circulaire représente les grands pétales extérieurs de la plante, et les petites trompes les pétales étroits du centre. Ce n'est pas seulement la forme, mais c'est aussi le coloris qui lui donne cette ressemblance singulière. De ces animaux étranges, les uns sont couleur de pourpre ;

d'autres verts, d'autres panachés de différentes couleurs. Tout est bizarre dans cet animal ; s'il se ferme et s'épanouit à la manière des plantes, il se reproduit comme certaines d'entre elles, c'est-à-dire de drageons. De petits globules informes se détachent de l'anémone de mer, et, en quelques mois, s'organisent et deviennent des animaux parfaits. C'est ainsi que se propagent les anémones que nous cultivons dans nos jardins. Si celles-ci se multiplient également par leurs graines, peut-être l'anémone de mer pond-elle des œufs comme la plupart des habitants de la mer. Rien ne se ressemble comme les œufs des animaux et les graines des plantes. La tortue ne confie-t-elle pas ses œufs au sable et ne les donne-t-elle pas à couver au soleil, comme font les plantes de leurs graines ?

Un autre rapport qu'a encore l'anémone de mer avec les plantes, c'est que, si on en coupe une petite partie, cette partie ne tarde pas à repousser et à se reproduire comme si l'on avait coupé une branche d'arbre. Peut-être l'anémone de mer reprendrait-elle de bouture ?

Quand on trouve l'anémone épanouie, si on touche doucement de l'extrémité d'un bâton les petites trompes qui figurent les pétales de la plante, l'animal se resserre, les retire brusquement et lance assez loin un petit jet d'eau claire.

L'anémone de mer se nourrit de petits coquillages ; elle ne choisit pas, comme vous le pensez bien, ceux qui peuvent lui échapper par une fuite, quelque lente qu'elle soit. Nous la trouvons entourée de petites moules un peu moins grosses que l'ongle du petit doigt.

II

La moule. — Comment elle marche. — Les cent cinquante câbles de la moule à l'ancre. — L'ortie de mer. — Bernardin de Saint-Pierre. — Le papillon à quatre ailes. — Les lépas. — Voyage de huit pouces en une minute. — Les éponges. — Les tarets, petit animal plus redoutable à la Hollande que Louis XIV. — L'arselin. — Sa morsure. — La rascasse. — Au revoir.

La moule s'appelle caïeu dans beaucoup d'endroits de nos côtes. Un médecin hollandais, appelé van Heyde, a fait soigneusement l'anatomie des moules :

il leur a trouvé une langue, de la graisse, des intestins, un foie, des cornes. Réaumur, le plus exact observateur qui ait jamais existé, soutient que les moules marchent. Je n'ai pas fait à ce sujet d'observations personnelles, mais j'ai répété sur d'autres sujets deux cents expériences de Réaumur, et jamais je ne l'ai trouvé en défaut sur un seul point: c'est d'ailleurs un savant d'une étrange sorte. A chaque instant, il dit : « Je ne sais pas, » avec une bonhomie qui a un charme inconcevable chez un homme qui savait tant de choses et qui a tant découvert et tant enseigné aux autres. Voici à peu près ce que dit à ce sujet Réaumur; je dis à peu près, car je n'ai pas le texte sous les yeux :

Ouvrez la coquille d'une de ces moules, remarquez une partie d'un brun noir, placée dans le milieu de la moule, et qui a la forme à peu près de la langue d'un animal. Cette partie est à la fois le bras et la jambe de la moule. Quand la moule se laisse prendre par des désirs vagabonds, elle entr'ouvre sa coquille, et en fait sortir cette jambe, qui s'étend quelquefois jusqu'à une longueur d'un pouce. Elle tâtonne et reconnaît le terrain, puis elle replie l'extrémité de cette jambe et se cramponne à quelque partie de roche, et attire après elle sa coquille ; en deux ou trois efforts pareils, elle avance bien de la largeur d'un doigt ; mais elle n'use pas souvent de cette demi-faculté de marcher, et le plus souvent on la trouve attachée à d'autres moules ou à un corps quelconque, pierre ou bois, par différents fils. Chacun de ces fils est gros à peu près comme un cheveu et long d'un à deux pouces. Réaumur en a compté plus de cent cinquante employés à tenir une seule moule à l'ancre.

Le membre que nous avons appelé bras et jambe n'a fait jusqu'ici que l'office de jambe. Mais c'est en qualité de bras qu'il étire, file et attache ces fils aux corps qui environnent la moule. Ces fils sont formés par le suintement d'une liqueur que sécrète la moule et qui se fige ensuite.

Mais l'ennemi peut-être le plus dangereux de la moule est un petit coquillage que les savants appellent *trochus*. Cette sorte de limaçon s'attache à la coquille d'une moule, la perce d'un trou très-rond et fait passer par ce trou une trompe de cinq à six lignes de longueur avec laquelle il suce la moule, qu'il finit pas absorber tout entière.

Après l'anémone, nous devons chercher l'*ortie* de mer. Si ces deux mollusques ont reçu des naturalistes des noms de plantes, ce n'est pas pour la même raison. L'ortie n'a rien dans sa configuration qui rappelle l'ortie terrestre ; on lui a donné ce nom parce qu'elle cause à la peau par son contact des démangeaisons et des rougeurs. Les gens des côtes exagèrent fort du reste l'effet de ce contact et appellent l'ortie de mer *venin*, mot que presque tous prononcent *velin*. Sur les bords de la Méditerranée, on donne à l'ortie de mer le nom de chapeau de mer, à cause de sa forme. Linné l'appelait *méduse*. Ici, on l'appelle *sagore*. Réaumur proposait le nom de *gelée de mer*. Ce nom, en effet, exprime si bien la substance dont elle est formée, et sa consistance, qu'il vaut seul une description pour aider à la reconnaître. En effet, vue par-dessus, l'ortie de mer ressemble tout à fait à une assiette de gelée refroidie dans un moule concave. Au-dessous et au centre, elle a huit pieds finissant en pointe et attachés à leur base comme une rosette. L'ortie de mer est blanche et entourée d'un cordon bleu qui varie, chez les individus, du bleu pâle au plus riche violet en passant par toutes les nuances intermédiaires. On en trouve qui n'ont pas ce cordon bleu et sont marbrées d'un brun jaune brillant, qui dans l'eau a presque l'éclat de l'or. On m'a dit en avoir vu, aux îles d'Hyères, dont tout le corps était couleur de rose.

Au premier abord, la gelée de mer paraît flotter au gré des eaux; mais, avec plus d'attention, on voit qu'elle s'y soutient et y marche par un mouvement de contraction et de dilatation ressemblant à celui qu'on ferait avec la main en l'ouvrant et en la fermant successivement. Les filets quelquefois sont tout chargés de sagores, et ce qui prouverait, s'il en était besoin, leur mouvement de marche, c'est que les gelées de mer s'y prennent absolument à la manière des goujons. Beaucoup de petits poissons en font leur nourriture, y plongent leur tête et mangent à même. Quand elles échouent sur le rivage, elles ont perdu très-vite tout mouvement apparent; elles deviennent bleues, comme l'empois bleu dont se servent les lavandières, et se fondent au soleil.

Bernardin de Saint-Pierre, qui les appelle *bonnets flamands*, d'un des noms qu'on leur donne sur la côte, pense qu'elles viennent du Nord pendant l'été.

Il est vrai de dire qu'on n'en rencontre guère par ici pendant l'hiver.

Il est un autre animal dont parle Bernardin de Saint-Pierre ; mais je ne l'ai jamais vu. Bernardin de Saint-Pierre est né au Havre, et se promenait beaucoup, dans son enfance, sur nos plages de Sainte-Adresse.

« Pour moi, dit-il, qui n'ai aperçu les animaux marins de nos rivages que dans mon enfance, et qui en conserve encore d'intéressants ressouvenirs, je me rappelle avoir vu, vers le milieu du printemps, sur les mêmes plages, dans les parcs de filets que nos pêcheurs y dressent, des espèces de papillons à quatre ailes, vivement colorés, et qui voltigeaient au fond des flaques d'eau. Je ne pus jamais en saisir un seul. Je ne sache pas qu'aucun naturaliste en ait fait mention. »

On connaît les pages pleines de charme et d'éloquence que les beautés de la nature ont inspirées à Bernardin de Saint-Pierre ; mais il n'a pas tout à fait l'exactitude de Réaumur, et parfois il mêle quelques rêves à ses souvenirs. — Cependant, le printemps prochain, je chercherai encore le papillon à quatre ailes. Ce n'est pas un homme qu'on puisse condamner sans un examen approfondi. — Voici encore un coquillage dont il a parlé dans les *Harmonies de la nature* : c'est le *lépas*, coquille univalve conique, qu'on appelle berlin, berdin, arapède en Provence, œil de bouc sur les côtes du Poitou, etc.

« Les lépas, dit Bernardin, se collent aux rochers parmi les algues. On les prendrait pour des têtes de clou qui soutiennent des guirlandes d'herbes marines. »

On trouve presque toujours le lépas immobile, et si fortement adhérent aux roches, que, sans un couteau et une certaine adresse donnée par l'habitude, on ne pourrait l'en détacher. C'est en faisant le vide, au moyen d'une membrane qu'il retire brusquement, qu'il s'attache ainsi au milieu des varechs. Cependant, il marche ; et des savants ont constaté qu'un de ces animaux avait franchi un intervalle de huit pouces dans l'espace d'une minute. Ils pensent qu'il aurait pu parcourir une distance d'un pied, s'il ne s'était pas reposé si souvent. La coquille du lépas est d'une seule pièce, et fort dure : sa couleur est grise ; elle est nacrée en dedans, et a la figure d'un entonnoir. On mange le lépas :

mais c'est un mets fort dur, et qui est loin de valoir, pour le goût, le *vignot*, petit limaçon noir, à coquille contournée, que vous trouvez auprès de lui. Tous deux sont quelquefois appelés *bigorneau*.

Cette petite masse molle et élastique est une éponge; mais elle n'est pas semblable à celle dont on se sert pour la toilette. Celles-ci viennent de préférence dans la Méditerranée. Mais, si celle que nous rencontrons ici n'est pas propre aux mêmes usages, elle est, comme les autres, un polypier, sorte de ruche construite par des insectes marins qui y font leur domicile. Avant Aristote, on pensait les éponges des êtres animés. Aristote l'avait nié. Le mouvement de tant de petits êtres animés, se réfugiant à la fois dans le fond de leurs cellules, quand on tire l'éponge de l'eau, a dû causer l'erreur relevée par Aristote. On trouve des éponges de toute sorte de formes. Il en est qui ressemblent à une ruche à miel, à un entonnoir, à un éventail, à un turban, à un bonnet. On ne les a guère, *je crois*, classées que d'après leur forme.

Je vous parlais tout à l'heure du ver ennemi des moules. D'autres vers, non pas pareils, mais pareillement armés, ont joué un grand rôle à diverses époques. Il y a des vers qui rongent les navires et qui percent leurs bordages de tant de trous, qu'ils les mettent en danger de périr. On assure qu'il n'y a guère plus de cent cinquante ans que l'on connaît ces dangereux animaux. Les navires les ont ramenés des mers des Antilles, où ils sont fort communs. Ils ne se sont que trop facilement naturalisés dans nos climats. On manda de Brest à M. de Réaumur, dans le mois de juillet 1728, qu'on venait de mettre sur le côté le vaisseau *l'Hercule*, et qu'on l'avait trouvé foré en tout sens par les vers.

En 1731 et 1732, ce ver, appelé *taret*, causa de grandes alarmes aux Provinces-Unies (la Hollande), par les ravages qu'il fit dans les pilotis qui maintiennent les digues de la Zélande. Cette province faillit être entièrement submergée par suite des dégâts causés par les tarets. Plusieurs provinces de ces États ont leur sol plus bas que le niveau de la mer. Le taret était un ennemi bien autrement redoutable que Louis XIV.

Des tarets, que l'on dit d'une espèce différente, ont fait également de grands ravages dans les pilotis de Venise.

La mer remonte ; les lames viennent, l'une sur

l'autre, bordées d'écume blanche. Nous n'avons vu qu'une bien petite partie des choses merveilleuses qui vont, dans quelques heures, être cachées sous vingt pieds d'eau, et au-dessus desquelles vont voguer les navires à pleines voiles. Il nous faut reculer devant les vagues.

Mais que font tous ces hommes et ces femmes armés de bêches et de fourches? Ils viennent pêcher des équilles et des lançons cachés dans le sable. Au moment où la mer remonte, ces poissons reviennent aussi à la surface du sable pour être prêts à se remettre à flot. Prenez garde; ce poisson un peu plus gros que l'équille est un *arselin*, une sorte de *vive*, dont la blessure est dangereuse. La vive ne se cache pas dans le sable, quoiqu'elle soit agile à se cacher dans la vase lorsqu'elle est prise dans les parcs de pêche; mais ses armes sont semblables à celles de l'arselin.

La vive est de la grandeur d'un maquereau. Son ventre est blanc, son dos rayé de jaune et de brun, ses yeux sont d'un vert très-éclatant. Outre des épines aux nageoires, elle a sur le sommet du dos une nageoire noire qu'elle développe quand on la touche, et qui ressemble à une aile de chauve-souris.

Cette nageoire est armée d'aiguillons dont la blessure cause une enflure subite accompagnée de grandes douleurs. L'arselin, beaucoup plus petit, est tout à fait blanc. Quelques personnes savent des prières pour faire cesser l'enflure et la douleur causées par la piqûre de la vive et de l'arselin. D'autres rient des prières et conseillent de mettre sur la piqûre le foie de l'animal.

Le meilleur moyen est une goutte d'alcali volatil ou un cataplasme de mie de pain. Lacépède et d'autres naturalistes nient complétement que cette piqûre soit empoisonnée. Ils prétendent que la forme mécanique des aiguillons offense les chairs de façon à causer l'enflure et la douleur très-vive qui l'accompagne. On parle cependant d'amputations pratiquées à la suite de semblables blessures. M. Quidant, pianiste très-connu, a été piqué à Trouville-sur-Mer par un arselin.

Toujours est-il que les pêcheurs et les poissonnières ne manient la vive qu'avec de grandes précautions. Autrefois, les réglements de police ordonnaient aux pêcheurs de couper les aiguillons, avant de les mettre en vente. Ce réglement, que personne ne connaît plus, est parfaitement suivi, grâce à la crainte qu'inspire justement ce poisson, dont la chair est délicate, et dont on mange surtout beaucoup en Hollande, où on l'appelle *pieterman*, homme de pierre. C'est sans doute à cause de ses aiguillons et de l'éclat singulier de ses yeux que la vive avait reçu des anciens le nom de *dragon de mer*.

Le poisson appelé *rascasse* dans le Midi, et si célèbre pour la préparation de la fameuse bouillabaisse, est également un poisson à nageoires épineuses. Les nageoires du dos ont neuf ou douze aiguillons très-forts. Ce poisson est d'un brun rougeâtre, avec quelques taches noires sur le dos. On l'appelle dans les livres, *scorpion de mer*, scorpeno, scorpène, scorpœno, scrofanello.

Pendant longtemps, on a tenu en grande estime, pour certaines maladies, le vin dans lequel on avait fait mourir une rascasse.

Aujourd'hui, les Marseillais parlent avec enthousiasme de ce poisson, qui, je le dis tout bas, passe pour un peu dur. . . . .
. . . .

La fin du jour approche, et en même temps la mer est assez remontée pour que les barques puissent sans danger franchir la masse de rochers appelée *la Tillée*. Toutes les petites voiles qui paraissent comme des points noirs à l'horizon se rapprochent rapidement, tous nos pêcheurs rentrent à Sainte-Adresse. En voici un qui est seul, aidons-le à remonter son bateau sur le galet.

On entend les cloches du Havre. Le vent vient donc du sud-est. Nous aurons du beau temps demain.

Mais demain il faut partir; des affaires m'appellent à Paris. Demain soir, je dînerai sur le boulevard des Italiens, mais je ne tarderai pas à revenir au bord de la mer et dans mon jardin.

SIXIÈME PROMENADE

ANECDOTES ET TRADITIONS

I

Les épaves. — La coudraie en mer.

Je vous avais parlé du droit de varech, du droit de prendre à la mer tout ce qu'un homme à cheval peut atteindre avec sa lance. Les habitants des rivages de la mer n'y ont pas renoncé. En vain les rois ont modifié et restreint pour eux-mêmes le droit de varech, le droit d'épave et le droit d'aubaine. Les riverains ont subi les lois faites à ce sujet, mais ne les ont pas acceptées, et ils s'y dérobent le plus souvent possible. Jamais vous ne persuaderez au pêcheur que la mer, ce champ immense qu'il sillonne et laboure toute sa vie de la quille de son bateau, ne lui appartienne avec tout ce qu'elle *produit*, de quelque façon que ce soit. Débris de navires, barriques pleines ou vides, tout cela appartient, selon le pêcheur, à celui qui le trouve; la Providence l'ôte aux uns et le donne aux autres; elle a ses raisons, sans aucun doute, que trouve excellentes, sans les connaître, celui auquel elle donne. Le marin ne croit pas au hasard. Quand il dit *la chance*, il veut dire une faveur du Ciel.

Aujourd'hui, les objets trouvés à la mer sont mis de côté par les employés de la douane et vendus. Un tiers appartient à celui qui a trouvé l'objet. Je ne sais pas bien comment sont répartis les deux autres tiers.

Nos pêcheurs se résigneraient, tout en grommelant, à se contenter d'un tiers du présent de la mer, si ce tiers leur était franchement attribué; mais voici ce qui arrive : l'épave trouvée au large, le pêcheur perd une *marée* pour l'amener à terre. Plus ou moins mis à l'abri, l'objet achève de se gâter pendant le temps laissé aux réclamations. Enfin, la vente s'opère; le pêcheur va à la ville en chercher sa part. On n'est pas prêt, on le renvoie. Ce n'est qu'après dix voyages et dix journées perdues qu'il reçoit trente ou quarante sous, rarement plus, souvent moins.

De cet inconvénient il est résulté que les gens qui trouvent quelque chose à la mer se partagent en deux classes : les uns volent les objets, les autres passent à côté sans se déranger.

Il serait cependant facile de remédier à cet état de choses, soit en fixant une récompense uniforme, qui serait payée au moment même du sauvetage, soit en autorisant le syndic des gens de pêche à établir provisoirement, de concert avec un agent de la douane, la valeur de l'épave, et à livrer immédiatement la part présumée à celui qui l'a trouvée. Après la vente, on régulariserait le partage.

Toujours est-il qu'on ne s'en occupe pas, et que le pêcheur s'approprie sans remords ce qu'il trouve, ou le laisse perdre.

Il y a quelque temps, je vis revenir de la mer un de nos pêcheurs ; le vent soufflait de l'ouest et portait la voix à terre. Ainsi on entendait l'homme chanter à tue-tête, d'aussi loin qu'on pouvait apercevoir sa barque, la chanson des *Marins de la Garde*, que chantait autrefois avec tant d'entrain mon pauvre ami Valin, le garde-pêche d'Étretat, si tristement mort il y a un an, en tombant, la nuit, des falaises sur la plage. (Les falaises d'Étretat ont la hauteur de six maisons de Paris l'une sur l'autre.)

Malgré le bruit de la mer, qui montait et roulait le galet, la voix du pêcheur arrivait par bouffées :

> Tous mes parents vont croire
> Que je mange mon bien ;
> Mais ils se trompent bien,
> Je ne fais que le boire.
> J'aime mieux moins d'argent,
> Chanter, danser et boire ;
> J'aime mieux moins d'argent,
> Et vivre plus content !

Cela m'étonna ; ce n'est guère l'usage de chanter à la mer, et, de plus, cette chanson n'est pas de celles qu'on y chanterait. Je ne l'ai jamais entendue qu'après une coudraie (repas) ou une fête.

La mer était un peu forte, et les vagues déferlaient de façon à commander quelque prudence pour échouer sur la grève. Notre pêcheur échoua à la voile sans aucune précaution, et sauta dans l'eau jusqu'à la ceinture. Je m'approchai pour l'aider à hisser son canot jusqu'au-dessus de l'étendue probable que couvrirait la mer montante. C'est un service qu'on se doit et qu'on se rend mutuellement; mais le marin se contenta de le tirer un peu sur le sable.

— Maître Glam, lui dis-je, le ciel n'est pas beau; laissez-vous donc votre bateau mouillé (à l'ancre)? ne craignez-vous pas de mauvais temps? Certes, je ne me connais pas au temps comme vous; cependant, m'est avis que les bateaux seront mieux sur le galet qu'à la mer pour passer la nuit qui va venir.

— Monsieur Alphonse, me dit-il, personne ne se connaît au temps, moi pas plus que vous, un amiral pas plus que nous deux. Il fait le temps qu'il plaît à Dieu; il y a changement de temps quand le bon Dieu change d'idée. Quand nous regardons le ciel et la mer, et le soleil, et que nous disons: « C'est du beau temps ou du mauvais temps pour demain; » autant de sottises! nous n'en savons rien. Si le bon Dieu veut que mon canot soit détruit, la mer viendra le chercher aussi bien sur le galet; elle viendra le chercher derrière ma cabane, elle ira le chercher, n'importe où il sera. Si, au contraire, l'idée du bon Dieu est que mon canot ne soit pas détruit, la mer le respectera et le portera comme un nid d'alcyons.

— Avez-vous fait bonne pêche, maître Glam?

— Moi? je n'ai rien pris du tout; mais, après une mauvaise marée, il vient une bonne marée!... Il faut savoir attendre!... je ne suis pas pressé... Je n'ai rien pêché, mais je suis content comme ça; personne n'a à y voir.

Il y avait cependant près de nous quelqu'un qui avait, sinon à y voir, du moins à y regarder; c'était un douanier qui était descendu pour jeter un coup d'œil dans le canot, et qui fit à maître Glam la même observation que moi, en montrant par son attitude qu'il était prêt également à donner un coup de main pour *virer* le bateau jusqu'au haut du galet.

— Gabelou, mon ami, répondit maître Glam, crois-tu que le bon Dieu aurait le cœur de laisser détruire mon canot et de mettre sans pain une honnête famille comme celle de Glam? allons donc!... Le bon Dieu est notre père à tous, à presque tous! tu ne sais pas cela..., parce qu'on ne me fera jamais croire qu'il aime les gabelous autant que les hommes!... Il n'est pas possible que ce soit lui qui ait fait les gabelous.

Puis Glam s'en alla, abandonnant son canot, reprenant la chanson des *Marins de la Garde*, et jetant un regard de défi malin au douanier.

> Le collecteur des tailles
> Dit qu'il vendra mon lit,
> Je me moque de lui,
> Je couche sur la paille.
> J'aime mieux moins d'argent,
> Chanter, danser et boire,
> J'aime mieux moins d'argent,
> Et vivre plus content.

— Il en a bu plus que je ne lui en ai versé, dit le douanier en haussant les épaules et en le regardant aller.

— C'est singulier, répondis-je, les pêcheurs n'ont pas coutume d'aller à la mer après avoir bu trop de cidre, et il faut que Glam en ait bien pris avant le départ, pour qu'il lui en reste encore autant au retour, après avoir passé cinq ou six heures en mer. — Donnez-moi un coup de main, ajoutai-je, et nous allons hisser son canot, que la mer, quoi qu'il en dise, pourrait bien briser cette nuit, si on le laissait là... Il est bon d'avoir confiance en Dieu; mais il ne faut pas cependant refuser d'aider la Providence dans le bien qu'elle veut nous faire.

Le douanier m'aida volontiers, et nous laissâmes le canot en sûreté.

Le lendemain, une heure avant le jour, nous étions tous sur la grève, poussant nos canots à la mer. Le temps, plus menaçant encore que la veille, nous conseillait de retirer et d'apporter à la terre nos filets et nos appelets de tout genre. Glam était au milieu d'un groupe.

— Vous aurez soin de me retrouver, les enfants! disait-il; mais il ne faut pas tous faire la même route au départ... Je vous invite à une coudraie un peu soignée; vous avez chacun votre pain, je fournis la boisson... Je ne bois plus de cidre depuis quelque temps, je trouve ça commun...; le médecin m'a conseillé de me mettre au vin de Bordeaux, et aujourd'hui j'en régale les amis!... Comme je vous disais, il ne faut pas partir ensemble..., parce que je n'ai pas invité les douaniers, et ça pourrait quelquefois les fâcher... Voilà les *amers*: D'abord, se diriger ouest-nord-ouest, au large de la

Hève ; ensuite, voir les petites vitres du second phare..., d'un côté..., et de l'autre, Honfleur, ouvert sur la jetée du Havre... Quand vous arriverez, ça sera servi... Ça n'est pas le moment de prendre des ris dans les voiles ; loin de là..., que les canots qui ont les jambes longues le fassent voir.

— Et moi, dis-je à Glam, est-ce que je ne suis pas de la fête ?

— Oh ! vous, vous n'aimez pas trop ça... ; mais pourtant, si vous venez, vous serez le bienvenu...: Vous avez entendu les amers ?

— Oui... Honfleur ouvert sur la jetée du Havre. et les petites vitres du second phare au ouest-nord-ouest de la Hève.

— C'est bien ça.

On se remit à pousser les canots à la mer. tous s'entr'aidant avec une ardeur inusitée ; et bientôt, les voiles hissées, chacun, suivant sa marche, se mit à courir des bordées. Le vent était presque contraire, mais la mer commençait à descendre. et le courant portait vers la Hève. Je partis comme les autres, et en peu d'instants la plage de Sainte-Adresse fut déserte.

Glam arriva le premier à l'endroit indiqué.

parce qu'il connaissait la place, et que, d'ailleurs, son canot est un des bons marcheurs de la côte, et lui un des plus habiles marins. Les autres le suivaient à diverses distances ; pour moi, je courais les bordées un peu longues; car, malgré l'invitation que je m'étais fait faire, je soupçonnais quelque chose d'*incorrect* dans les libéralités de Glam, et je comptais rester à distance.

A l'endroit où Glam amena ses voiles et cessa de marcher, on voyait flotter quelque chose, comme une grosse bouée, sur laquelle il s'amarra en attendant ses compagnons. Quand les cinq canots portant une dizaine de pêcheurs furent réunis, je ne tardai pas à voir de quoi il s'agissait, et je m'éloignai en courant une bordée dans l'est pour reprendre mes filets et les rapporter à terre, et aussi dans le double but de ne pas me mêler à ce qui se passait, tout en ne gênant pas les pêcheurs. Puis je retournai à Sainte-Adresse.

La journée était presque finie et le soleil était presque descendu dans les nuées noires, quand les barques revinrent à la plage. Elles étaient toutes chargées, les unes de trois-mailles et d'autres filets, les autres de nasses et de *paniers* pour la pêche des homards et des crabes. On hissa les canots au haut du galet, et alors il fut aisé d'apercevoir que Glam avait fait honorablement les choses. Quelques-uns d'entre les pêcheurs s'appuyaient sur les canots plutôt qu'ils ne les poussaient; on chantait, on riait, on jasait, on accablait les douaniers de sarcasmes.

Un des pêcheurs fit des reproches à Glam de ce qu'il avait attendu si tard pour les inviter; et, de la discussion qui s'ensuivit, je compris tout à fait ce qui s'était passé et ce que je n'avais pu que soupçonner.

Glam, une semaine auparavant, avait trouvé à la mer une barrique de vin qui flottait entre deux eaux. Provenait-elle d'un naufrage, de quelque événement moins grave, d'une lame qui l'avait enlevée de dessus le pont d'un navire? Je ne sais si Glam s'en préoccupa beaucoup; mais il examina ce qu'il allait faire de cette bonne aubaine. La rapporter à terre, conformément à la loi et aux ordonnances, nous avons dit les raisons qui durent militer contre cette honnête intention; la laisser à la mer, c'était réellement méconnaître un bienfait de la Providence. Glam avait pris un parti ingénieux; il avait amarré son câble et son ancre sur le tonneau, et l'avait *mouillé*, c'est-à-dire mis à l'ancre comme un navire; puis, s'étant ainsi assuré qu'il ne bougerait plus de place, il avait cherché par quel moyen il pourrait se régaler de ce qu'il contenait. Après plusieurs essais infructueux, il était revenu à terre, remettant son régal au lendemain, bien malgré lui, mais après avoir pris exactement ses amers. Jamais, dans la nuit, il n'avait prêté au vent une oreille plus attentive. — Si le temps allait devenir mauvais! si l'on ne pouvait pas aller à la mer demain!... si un coup de vent se déclarait, le câble qui retenait la barique finirait par se rompre, et elle s'en irait au gré des courants... Si quelque autre pêcheur allait la trouver!... je parle d'un pêcheur peu honnête; car tout autre, rencontrant une barrique à l'ancre, ce qui ne s'était peut-être jamais vu, aurait bien pensé qu'elle appartenait à quelqu'un. Le lendemain, longtemps avant le jour, Glam s'était mis en route, et, après avoir enlevé la bonde du tonneau, il avait, au moyen d'un roseau creux qu'il avait eu soin d'emporter, aspiré et humé plus de vin de Bordeaux qu'il n'avait jamais bu de cidre. Puis il avait rebouché la barrique et était revenu à terre. Il avait la tête un peu lourde; et, comme Glam est un homme sage et un pêcheur habile, il prit sur lui, les deux ou trois jours qui suivirent, de n'aller visiter l'épave qu'en revenant de la pêche. Le jour où je l'avais vu revenir ivre, c'est que ce jour-là il avait décidé de convier ses amis pour le lendemain, et qu'il avait voulu se régaler encore seul une bonne fois avant de partager sa trouvaille.

Ce que le pêcheur avec lequel il se querellait lui reprochait, c'est qu'il ne s'était décidé à les inviter que parce que le mauvais temps s'annonçait par des signes certains, et qu'il avait craint que la mer en fureur ne rompît son câble, par suite de quoi il aurait perdu le câble, l'ancre et la barrique... Tous deux étaient aussi ivres qu'on peut l'être. Ils ne tardèrent pas à parler tous deux à la fois; puis, des injures, on en vint aux menaces les plus violentes. « Glam, disait l'autre, si tu n'es pas un lâche, il faut que j'aie ta vie. — C'est toi qui vas mourir, disait Glam; tu peux dire adieu à ta famille !... » Tous deux alors, les yeux ardents, se précipitèrent l'un sur l'autre... Mais l'ivresse était arrivée à un tel point, que, se trouvant à portée de s'atteindre, chacun avait senti un si impérieux besoin de trouver un appui, qu'il s'était, à cet effet, servi de son adversaire, et qu'ils restèrent appuyés l'un sur l'autre, et presque dans les bras l'un de l'autre, sans songer davantage à leur colère ni à leurs terribles menaces. On n'eut pas grande peine, en conséquence, à les séparer et à les reconduire chez eux.

Pendant ce temps, la mer était devenue tout à fait grosse; le vent soufflait par rafales violentes. Les douaniers, qui s'étaient amassés autour des pêcheurs en les entendant se quereller, écoutaient, sans comprendre, les paroles qu'ils échangeaient, et dans lesquelles on n'épargnait pas les allusions à la fête du jour. Les pêcheurs partis, ils reportèrent les yeux sur la mer... Quelque chose de noir, roulé dans l'écume des vagues, arrivait à terre... Est-ce un marsouin? est-ce une barque renversée? Non, c'est un tonneau! Un douanier se mit dans l'eau jusqu'à la ceinture pour l'atteindre, et l'amena sur le sable avec assez de peine. C'était une barrique parfaitement vide, mais soigneusement rebouchée. On voyait qu'elle avait contenu du vin, et un des douaniers, après avoir flairé l'intérieur du tonneau, exprima l'opinion, mêlée de regret et de surprise, qu'il n'y avait pas longtemps que le vin en avait été tiré.

II

L'histoire de Romain.

Il y a trois histoires qu'on raconte toujours et incessamment sur notre côte. L'une est celle du berger qui se fait pêcheur; je vous l'ai déjà dite: c'est la plus courte. Celle-là, tout le monde la raconte, et à peu près dans les mêmes termes. Les deux autres sont l'*Histoire de Romain,* et l'*Histoire du douanier qui fut emporté par le diable.* Comme elles exigent quelques développements, il n'est pas donné à tout le monde de les conter.

Il n'y a pas un instant de la journée où il n'y ait quelqu'un dans une maison ou sur la plage qui raconte une de ces trois histoires. C'est comme une chanson: je vous dis une des histoires aujourd'hui, vous me la redites demain ; nous la savons

SIXIÈME PROMENADE

aussi bien l'un que l'autre, et cependant, tandis que l'un a toujours du plaisir à la raconter, l'autre l'écoute toujours avec un égal intérêt.

Vous savez l'histoire du berger; commençons par l'histoire de Romain : seulement, comme, moi aussi, je l'ai déjà racontée[1], je vous la dirai aujourd'hui un peu sommairement.

C'était à l'époque des grandes guerres de l'Empire... C'est fort glorieux à avoir dans son histoire, fort admirable à lire, mais un peu dur à traverser, à cause des détails.

Que le général qui s'illustre par les armes, que l'officier de tout grade qui y trouvera la gloire, l'avancement et le profit, s'exposent volontairement et avec une sorte de joie aux hasards des combats, cela se comprend ; mais la foule des soldats qui vivent et meurent ignorés, quelle compensation pensez-vous qu'ils trouvent à la fatigue, aux privations, aux souffrances, aux dangers, aux blessures, à la mort ? J'ai réellement une moins grande propension à l'admiration pour les officiers que pour cette multitude de soldats qui vont gaiement

---

1. Voir dans ce volume (page 239) : *une Légende normande.*

aux batailles, dont la plus grande fortune qu'ils puissent rapporter est de n'être ni tués ni estropiés.

Romain était un pêcheur, fils de pêcheur. Arriva un ordre de départ pour lui et pour trois autres jeunes gens d'Étretat. Ce fut un grand chagrin dans les familles. Outre les dangers de la guerre et les chagrins de la séparation, il y avait encore l'abandon où allaient se trouver les bateaux et les filets. Pour les trois jeunes gens, ils étaient désespérés.

Il n'y a pas quinze ans que les gens d'Étretat sortent de chez eux. Avant ce temps, je veux dire avant les quinze ans qui viennent de s'écouler, on naissait, on vivait, on mourait entre les deux portes et les deux falaises d'*aval* et d'*amont*, c'està-dire dans l'enceinte de l'étroite et pittoresque petite vallée où est situé Étretat. Ce n'est que depuis que le hareng ne vient presque plus sur nos côtes, qu'il a fallu prendre du service sur les navires marchands et que beaucoup de jeunes gens quittent le pays pendant quelques années. On assure que le hareng a quitté les côtes de France depuis l'abdication de l'empereur. On avait fait espérer que le hareng reviendrait lors de l'avénement du neveu de Napoléon à la présidence de la République, mais cette flatteuse espérance ne s'est pas réalisée.

On comprend donc qu'en ce temps-là c'était avec toute la terreur qu'inspire l'inconnu que les hommes se voyaient enlevés pour le service.

— Quel malheur d'être pris! disaient les compagnons d'infortune de Romain, — Ma famille, disait l'un, n'a plus que moi pour appui; mon père est vieux et mes frères sont trop petits. — J'allais me marier, disait l'autre; c'est bien dur d'abandonner ainsi ma chère Noëmi. — J'allais faire pour la première fois la pêche de Dieppe, disait l'autre.

— Moi, je ne sais qu'une chose, dit Romain : c'est que je ne partirai pas!

En effet, quand vint le moment du départ, les trois autres partirent en pleurant; mais, quoi qu'on pût dire à Romain, il ne partit pas.

Le sous-préfet averti envoya des gendarmes. Romain se cacha. « Que je quitte Bérénice, que je vais épouser, disait-il, et mes parents pour aller me battre! et contre qui me battre? Contre des gens que je ne connais pas et qui ne m'ont jamais rien fait! A la bonne heure, si c'était contre ceux qui m'envoient au service! Ceux-là m'ont fait quelque chose et sont mes vrais ennemis. » De nouveaux ordres arrivèrent. L'exemple était dangereux ; il fallait prendre Romain à tout prix.

Il se réfugia dans un trou de la falaise, à trois cents pieds au-dessus de la mer, la hauteur de cinq maisons, dans une anfractuosité qui n'avait jamais servi d'asile qu'aux goëlands, aux mouettes et aux guillemots. Là, Bérénice lui portait à manger la nuit, au moyen d'une corde.

On fit le siége du *trou à Romain*, comme on l'appelle encore dans le pays. Et, sur l'injonction de l'avoir mort ou vif arrivée de Paris, on lui tira des coups de fusil. Mais Romain, au fond de son trou, ne courait pas grand danger, et les pierres qu'il faisait rouler sur les soldats en blessèrent plusieurs. D'ailleurs, on ne pouvait l'attaquer qu'à la marée basse ; à la marée haute, la mer battait le pied de la falaise.

Un matin, on trouva au pied de la falaise la vareuse et les sabots de Romain, puis on ne le vit plus sur le bord du trou.

On comprit ce qui avait dû arriver. Romain, en voulant se sauver, était tombé à la mer, ou il s'y était jeté, poussé par le désespoir. Personne ne douta de sa mort, et les poursuites cessèrent.

La vérité est qu'il s'était échappé par un chemin impossible et où un chat n'oserait se risquer. Il avait jeté ses hardes pour donner le change.

On ne sait pas bien où il se cacha ; mais toujours est-il qu'il ne quitta pas le pays. La guerre finie, il reparut comme d'ordinaire, et il revint un des trois jeunes soldats qui étaient partis sans lui. Celui-ci était très-fier de ses succès guerriers ; il croyait avoir gagné deux batailles où il avait eu peur. Il eut le plus grand succès au village.

Or, voici la philosophie de l'histoire : Romain finit par être très-honteux et très-désespéré ! Cet homme, qui avait soutenu seul un siége, n'ayant que des pierres contre des balles de fusil, cet homme qui, à la volonté de l'empereur, avait presque seul osé répondre : *Je ne veux pas !* cet homme se crut lâche ! On ajoute que Bérénice, elle-même, qu'il avait épousée, ressentit pour le soldat rentré dans ses foyers une admiration qui acheva de navrer Romain !

Un jour enfin, sous le trou qui a gardé son nom, on trouva encore une fois sa vareuse et ses sabots ;

mais, dans la vareuse, on trouva le corps de Romain broyé. Il s'était précipité du haut de la falaise.

Ainsi finit l'histoire de Romain. Savez-vous un plus grand soufflet pour ce qu'on appelle la gloire militaire ?

III

Le douanier emporté par le diable.

Quant à l'histoire du douanier qui fut emporté par le diable, Glam me l'a contée hier. Je vais tâcher de me rappeler ses expressions.

Nous étions assis devant ma cabane. Glam m'avait demandé du feu pour sa pipe, et nous devisions de choses et d'autres. Nous rappelâmes l'histoire de la barrique mise à l'ancre et de la joie qu'il avait eue à frauder la douane. Je voulus défendre un peu les douaniers, mais Glam ne m'écouta pas et me fit, pour toute réponse, le récit que vous allez lire.

— Il y avait un certain homme qui était un

grand douanier, un des maîtres des gabelous. Personne n'était aussi habile que lui à flairer la fraude et aussi âpre à vexer le pauvre monde. Il était la terreur de toute la côte. Beaucoup des plus fins contrebandiers avaient renoncé à la contrebande et s'étaient remis au métier d'honnête homme, par suite de quoi ils mouraient de faim, eux et leurs familles ; ainsi, on maudissait le douanier dans toutes les maisons, aussi régulièrement et avec autant de dévotion qu'on prie le bon Dieu. On prétend que les plaintes des malheureux montent et s'amassent au ciel et finissent par former un nuage d'où, tôt ou tard, la foudre tombe sur les méchants. Je sais bien qu'un douanier qui fait son état et obéit à sa consigne n'est pas tout à fait un méchant ; qu'on en a même vu qui étaient assez braves gens ; mais celui-là, sa joie était de surprendre le pauvre monde et de tout pratiquer pour engager les gens à se risquer en fraude, afin d'avoir sa part des saisies. Bien des fois on avait juré de le tuer ; mais c'était un homme, à ce qu'on disait, qui ne dormait qu'une fois par mois ; et ce qu'on savait bien, c'est qu'il était toujours armé jusqu'aux dents. D'autres bruits plus étranges couraient sur lui. On prétendait qu'il voyait la fraude au travers des *pouches* et des ballots. De là à penser qu'il s'était donné ou vendu au diable, il n'y avait qu'un pas, et ce pas, on l'avait bien vite franchi. Du reste, le douanier avait bien l'air d'un ami de Satan.

» Or, il arriva un jour que le pays en fut subitement délivré, et voici comment on raconte la chose : Le berger de la ferme qui est auprès de la *Mare-au-Clerc* prétend que sa grand'mère a été témoin de l'événement, et le berger doit en savoir quelque chose ; ces gens-là sont savants, connaissent l'avenir, et les plantes pour les maladies, et les paroles pour rebouter les membres cassés et guérir les entorses ; mais c'est une science qui ne vient pas de Dieu, mais de... l'autre, et, comme telle, c'est une science maudite ; maudits sont ceux aussi qui la possèdent, car on assure que c'est au prix de leur âme qu'ils l'obtiennent de l'ennemi du genre humain. Ce berger donc, qui est berger de la ferme de la *Mare-au-Clerc*, aura son tour aussi. On a prétendu que c'était lui qui, l'été dernier, avait jeté un sort sur moi, si bien que j'ai manqué toute la pêche du maquereau ; les autres en prenaient à bâbord et à tribord de moi ; et moi, je n'en voyais pas un seul. Je ne crois pas trop aux sorts, mais il y a des gens qui portent mauvaise chance ; ça, c'est connu.

— Revenons au grand douanier, maître Glam.

— Naturellement, puisque c'est son histoire que je vous raconte. C'était seulement en passant que je disais un mot du berger de la *Mare-au-Clerc*, parce que je ne serais pas fâché que quelqu'un de plus savant que moi m'affirmât qu'il sera brûlé. Le grand douanier donc, pour en revenir au grand douanier, était devenu quelque chose, comme inspecteur des autres douaniers. Il allait visiter les postes sur toute la côte, depuis Sainte-Adresse jusqu'à Octeville et Saint-Juan. Il était devenu la terreur des douaniers comme il était celle des contrebandiers. Il était rigide pour le service comme on ne l'avait jamais été avant lui. C'est lui qui a défendu aux employés de la douane d'avoir des chiens la nuit, parce que ces chiens les avertissaient de l'arrivée des rondes d'inspection, et tout le monde s'en trouvait bien ; les pauvres employés pouvaient dormir un peu, et, pendant leur sommeil, les pauvres fraudeurs pouvaient faire un peu leur métier.

» Un jour que le grand douanier allait inspecter un poste ou porter les ordres des chefs, on ne m'a jamais bien expliqué ce qu'il allait faire ni où il allait, je crois bien cependant qu'il allait jusqu'à Étretat, il rencontra un homme qui semblait faire la même route que lui. Il avait l'habitude de regarder les gens avec soin ; il regarda donc celui-là, et sa figure ne lui revint pas. C'était un grand homme sec, dont les yeux étaient très-brillants, et qui, sans se presser, marchait d'une grande vitesse, en ayant l'air de glisser sur la terre. Le douanier, d'un seul coup d'œil, avait bien vu que son compagnon de route ne portait rien, et, comme son air ne lui plaisait pas, il doubla le pas pour ne point voyager avec lui ; mais l'autre, sans paraître se hâter, se trouva toujours à côté de lui. Il fit des questions au douanier; celui-ci lui en fit à son tour, tout en désirant le voir bientôt prendre une autre route.

» — Quel état faites-vous? demanda l'étranger.— Je suis douanier.—Vous avez un grade? Il répondit sans doute en disant son grade, mais je ne l'ai jamais bien su au juste, et je ne puis vous le dire. — Vous allez?... — Je parcours la côte pour mon service. — C'est très-bien. — Et vous? — Moi? moi, je suis le diable!

» Le douanier frissonna de la tête aux pieds, puis il pensa que c'était peut-être une plaisanterie, et il examina de nouveau son compagnon, mais il reconnut alors parfaitement le diable.

— Vraiment, maître Glam! et à quels signes reconnut-il le diable?

— Je n'en sais rien, mais lui le savait, puisque, selon le berger de la *Mare-au-Clerc*, il était de sa bande.

» C'est alors qu'il comprit la répugnance que lui avait d'abord inspirée le voyageur et qu'il désira ardemment ne plus l'avoir pour compagnon. Il changea de chemin plusieurs fois et prit des sentiers détournés; mais l'autre était toujours à son côté, devisant de choses et d'autres, comme un voyageur ordinaire.

» Le douanier fut quelque temps sans parler; cependant, il ne tarda pas à se demander avec inquiétude pourquoi le diable mettait cette insistance à le suivre.

» — Où allez-vous? demanda-t-il encore au diable.

— Partout; il n'y a guère d'endroits où je n'aie un peu affaire.

» A ce moment, il passait un homme qui conduisait un porc; ce porc était attaché d'une corde à une patte; mais il ne voulait pas marcher, se couchait par terre ou courait de çà et de là, sans vouloir suivre la route.

» — Que le diable t'emporte, maudite bête! s'écria l'homme au porc.

» Le douanier, à ces paroles, espéra que ce serait peut-être une occasion de se délivrer de son compagnon de route, et lui dit : — Écoutez, mon ami, voici un porc que son maître vous donne; ne l'emportez-vous pas, ainsi qu'il vient de vous en donner le droit? le porc n'est pas à dédaigner, c'est un des plus gros que j'aie vus.

» Mais le diable répondit : — Je ne puis le prendre, parce que son maître ne me l'a pas donné de bon cœur.

» Et le douanier continua à marcher, et le diable continua à marcher à côté de lui.

» Comme on traversait un autre village, ils virent un enfant qui pleurait. Sa mère imaginait toutes choses pour l'apaiser; mais les enfants sont de grands tyrans, et, ne pouvant parvenir à consoler le sien, la mère s'écria : — Au diable soit le méchant enfant !

» — Pour le coup, dit le douanier, qui espéra encore se débarrasser du voyageur, voici ce que vous ne pouvez négliger. Il est possible que vous n'aimiez pas les choux au lard, quoique ce soit une des meilleures choses du monde, et ça m'explique que vous n'ayez pas voulu tout à l'heure prendre le cochon ; il y a des gens qui valent mieux que vous qui s'en seraient accommodés, mais on ne peut pas discuter des goûts. Quant à cette fois, c'est un enfant qu'on vous donne, un enfant ayant une âme, un enfant du bon Dieu ; c'est une aubaine que vous ne laisserez pas échapper, ou je ne vous connais pas.

» — Je ne puis prendre cet enfant, répondit le diable, parce que sa mère ne me le donne pas de bon cœur. Elle dit bien : « Au diable ! le méchant enfant ! » mais, si le diable voulait toucher seulement un cheveu du poupon, la mère deviendrait une tigresse pour le défendre, et elle m'arracherait les cornes.

» Le douanier continua à marcher, et le diable continua à marcher à côté de lui.

» L'inquiétude du douanier allait croissant. Il entrait dans les postes où il avait affaire et aussi dans les maisons où rien ne l'appelait. A chaque fois, il disait à son compagnon :

» — Je ne vais pas plus loin, et je vous souhaite un bon voyage. Puis, après être resté quelque temps dans la maison, il en ressortait pour se remettre en route, se croyant débarrassé du voyageur. Mais, chaque fois, au bout de quelques pas, il le revoyait à son côté, et le diable, sans paraître étonné, sans lui faire de reproches, reprenait la conversation où il l'avait laissée; et c'était, du reste, pour quelqu'un qui aurait eu la conscience nette et qui n'aurait pas eu peur, une conversation amusante... du moins, je le suppose, car les gens qu'on vante pour avoir de l'esprit sont ceux qui disent le plus volontiers du mal des autres, et racontent le plus de mauvaises histoires sur leurs proches, voisins et amis.

» Mais on approchait de... je crois bien que c'est d'Étretat; du moins quand c'est un Étretalais qui raconte l'histoire, il ajoute toujours que c'est près de chez eux que la chose est arrivée. Le berger de la *Mare-au-Clerc* dit que c'est auprès de Criquetot; mais, outre que ce berger est menteur...

(si c'est lui qui m'a jeté un sort pour la pêche du maquereau, je jure qu'il me le payera !), le berger est né à Criquetot, et on aime assez à dire, quand on parle d'une histoire intéressante, ou qu'on l'a vue soi-même, ou qu'elle est arrivée à quelqu'un que l'on connaît, vu que la chose s'est passée dans son village ; toujours est-il qu'on approchait..., disons d'Étretat.

» Les habitants reconnurent le douanier. A quelque temps de là, il avait fait condamner plusieurs pêcheurs à la prison pour quelques mauvais cigares passés en fraude. Ils pensaient bien qu'il venait encore pour faire du mal à quelqu'un, et, du plus loin qu'ils l'aperçurent, ils se le montrèrent du doigt, en criant d'une seule voix :

» — Voilà le douanier ? que le diable emporte le douanier !

» Entendant cela, le diable hocha la tête et dit au douanier en ricanant : — Voilà que les gens d'ici vous donnent aussi à moi ; mais c'est de bon cœur, et du meilleur de leur cœur ! Et ainsi j'ai le droit de vous prendre, et vous êtes bien à moi !

» Et le diable l'enleva dans l'instant même, et on n'a jamais su ce qu'il en avait fait.

» Et voilà comment un douanier fut emporté par le diable.

— Et vous croyez cette histoire-là, maître Glam?

— Je sais bien, monsieur Alphonse, que d'autres personnes ont dit que le douanier avait été assassiné par des fraudeurs ; que d'autres personnes ont prétendu l'avoir vu plus tard dans une autre ville, où il occupait un poste supérieur. Mais on n'en croit pas un mot, et on est parfaitement d'accord sur ceci : que le douanier a été emporté par le diable... Le berger de la *Mare-au-Clerc* dit que c'est auprès de Criquetot (si c'est lui qui m'a jeté un sort pour le maquereau !...) ; mais le plus grand nombre soutiennent que c'est auprès d'Étretat, à la descente de la cavée, près le château de M. Fauvel, l'ancien maire.

— Mon cher Glam, lui dis-je, comme vous êtes un homme de bon cœur et de bon sens, j'ai quelques observations à vous faire sur l'histoire que vous venez de me raconter. Si je ne faisais que traverser ce village en voyageur, je trouverais l'histoire excellente, et je me garderais de vous détromper : les préjugés, les légendes, cela fait partie du pittoresque des voyages ; mais, comme je suis l'un de vous, comme j'espère vivre ici, et comme j'ai choisi ma place dans le cimetière de la commune, je ne voudrais pas vous laisser dans la tête trois ou quatre idées fausses, qui peuvent avoir pour vous une mauvaise influence.

Et je me mis à accumuler toutes les raisons que je pus trouver contre les sorts, et l'intervention directe du diable dans nos affaires. Et, en parlant, je regardais la mer, comme c'est la coutume de tous les habitants des côtes, par suite d'un instinct naturel et invincible d'admiration. Quand j'eus développé mon dernier argument, je me retournai vers Glam pour voir l'effet qu'avait produit un morceau dont j'étais assez content.

Glam dormait, pour me servir d'une de ses expressions, *à trente sous par tête, sans le vin !*

J'aime à croire que ce sommeil était uniquement produit par la fatigue de la marée du matin.

II

UNE JOURNÉE SOUS LES FALAISES

Il y a quelques années, deux voyageurs séjournèrent pendant l'automne dans un des petits ports situés au milieu des anses, entre le Havre-de-Grâce et Fécamp.

L'un des deux voyageurs, il est inutile de le nommer, était un homme d'à peu près vingt-cinq ans; son visage pâle et néanmoins un peu basané, sa taille, sa démarche annonçaient un homme robuste et accoutumé dès longtemps aux exercices du corps.

L'autre était noir avec un collier blanc. Il faut dire que c'était un chien de Terre-Neuve; ses pattes, sa poitrine et l'extrémité de sa queue en panache étaient également blanches ; le reste de sa belle robe soyeuse d'un noir parfait. Il n'y a aucun inconvénient à dire qu'il s'appelait Freyschütz.

Les pêcheurs habitants du port avaient en deux jours épuisé leur curiosité sur les voyageurs.

Le jeune homme buvait volontiers un verre de genièvre le matin, écoutait des récits tant qu'on voulait lui en faire, sortait avec les barques quelque temps qu'il fît, tenait son aviron comme un autre, et n'avait pas le mal de mer. En peu de jours, il se fut concilié l'estime générale.

Pour Freyschütz, il s'était tout d'abord trouvé en pays de connaissance.

Beaucoup de pêcheurs qui vont tous les ans au banc de Terre-Neuve et à l'île Saint-Pierre, d'où viennent les chiens de cette race, avaient dit en le voyant, dans leur jargon peu intelligible : *Un kien de Saint-Pié !*

C'était surtout avec les enfants que Freyschütz se liait le plus intimement. Dans les grandes marées, quelques lames remplissent parfois à une distance assez éloignée les parties basses du terrain, et forment de grandes mares sur lesquelles les enfants font naviguer de petits bâtiments de leur façon.

Une planche forme la carcasse, la moindre baguette le mât, et des feuilles de chou la voilure : ils calculent très-bien le vent, et disposent la voilure de manière à faire traverser la mare au vaisseau confié à cet océan sans tempêtes. Mais le moindre coup de vent, la moindre pierre que l'eau n'a pu recouvrir entièrement, suffit pour arrêter le navire ou quelquefois le renverser ; et, ces mares étant le plus souvent très-profondes et les navigateurs très-petits, car à douze ans l'enfant est devenu mousse, il navigue déjà sur la mer partageant le travail et le danger des hommes, alors le petit armateur n'avait plus de ressources que ses larmes ; Freyschütz, moyennant un morceau de tartine, se mettait à l'eau, allait chercher le bâtiment et le rapportait au rivage.

Mais, comme la plupart de mes lecteurs ne se forment peut-être aucune idée de la mer, je ne saurais mieux vous peindre son immensité qu'en vous disant que les goëlands, grands oiseaux blancs et gris qui, d'une pointe d'aile à l'autre, n'ont pas moins de cinq pieds, paraissent sur la mer de la taille des hirondelles de nos rivières, auxquelles, du reste, ils ressemblent parfaitement par le vol.

La mer est encaissée dans des falaises [1]. Les falaises sont de hautes murailles naturelles, soit de terre, soit de rochers, d'une prodigieuse élévation. La plus haute maison de Paris a tout au plus soixante-dix pieds de hauteur, les falaises ont souvent plus de trois cents pieds, c'est-à-dire s'élèvent à la hauteur de quatre ou cinq maisons les unes sur les autres.

La mer, du moins l'Océan, s'avance et se retire deux fois en vingt quatre heures. Quand la marée est basse, c'est-à-dire quand la mer s'est retirée, elle laisse à sec au pied des falaises un espace assez étendu ; son lit est couvert de pierres, de roches, d'herbes, de coquillages. On peut alors faire sur les rochers d'assez longs trajets entre la mer et la falaise ; mais il faut bien connaître les heures des marées, la moindre erreur coûterait la vie. La mer monte à une certaine heure, et s'avance en grondant ; si à ce moment on n'a pas atteint quelqu'un des chemins taillés comme des échelles dans la falaise, il faut mourir, et d'une mort hor-

---

1. *Falesia*, de *falro* ou *fels*, mot allemand qui signifie une roche.

rible ; car, je vous l'ai dit, la falaise est droite et lisse comme un mur, et ce mur, la plus haute maison n'en ferait pas le tiers. Aux époques surtout de la nouvelle et de la pleine lune, les marées sont beaucoup plus fortes ; la mer, que l'on appelle alors *grande mer*, descend plus bas et monte beaucoup plus haut qu'au moment du premier et du dernier quartier.

C'était au moment de la pleine lune. Freyschütz et son maître partirent pour aller à Fécamp chercher un paquet à la poste. A cette époque du mois, la mer est tout à fait basse à quatre heures, et ne recommence à monter d'une manière sensible qu'une heure après; mais, dès trois heures, on peut passer sous la falaise. Il n'y avait que deux lieues à faire ; pour ces deux lieues, le voyageur avait devant lui un peu plus de deux heures : en marchant bien, un homme doit faire ce chemin en une heure et demie.

Le voyageur avait pris son fusil. Il commença d'abord à marcher d'un bon pas; mais la chapelle de la Vierge qui domine Fécamp lui sembla bientôt si voisine, qu'il crut pouvoir ralentir sa marche sans inconvénient.

Et tant de choses sollicitaient sa curiosité ! Dans la falaise, la mer avait creusé de profondes grottes toutes revêtues d'une sorte de mousse violette, dont les reflets sont aussi riches que ceux du plus beau velours. Des roches blanches et polies comme du marbre avaient conservé de l'eau dans leurs excavations, et des crabes vivants y étaient restés ainsi que de petits poissons.

En d'autres endroits, les rochers étaient couverts d'herbes que l'on appelle algues ou varechs bizarrement formées. Quelques-unes appelées *lacets*, ne sont en effet qu'un lacet végétal long quelquefois de sept à huit aunes, et ne tiennent qu'à une racine prise dans le roc. D'autres, larges comme la main, se divisent à l'extrémité en plusieurs longs rubans. D'autres sont découpées et touffues. Au premier aspect, tous ces varechs paraissent noirs et sont d'un aspect triste et sévère, mais, en les regardant de façon que le jour pénètre à travers, quelques-uns sont verts, d'autres pourpres, d'autres violets.

Les galets, pierres rondes, qui sont le sable de la mer, sont pour la plupart brillants et transparents comme de l'agate et de l'opale; quelques-uns sont colorés de rouge et de vert par une sorte de mousse impalpable.

Freyschütz, de son côté, poursuivait les oiseaux de mer; les mouettes ou mauves, de la grosseur d'un pigeon ramier, au plumage moucheté de gris et de bleu; les goëlands, blancs comme des cygnes, avec le dos et le dessus des ailes noirs.

Les mouettes et les goëlands ont le vol rapide et gracieux de l'hirondelle, et plongent pour saisir des poissons, se jouent avec joie dans l'écume des vagues, puis disparaissent dans les nuées.

Freyschütz se jetait à la mer pour les poursuivre; l'écume de la mer est si blanche, que la poitrine de Freyschütz paraissait jaune dans cette écume. Il y avait encore des *macreuses*, oiseau noir qui se nourrit de moules, et dont se nourrissent fort bien les pêcheurs.

Et surtout des *fauquets*, au sujet desquels il existe une tradition assez bizarre.

Le fauquet, gros à peu près comme un pigeon, est noir comme la macreuse; mais, seul de tous les oiseaux de mer, il n'a pas les pieds palmés à la manière des canards, c'est-à-dire les doigts unis par une membrane; distinction que partagent les chiens de Terre-Neuve avec les oiseaux. Aussi dit-on que le fauquet n'est pas fait pour nager, et que c'est par suite d'un miracle qu'il est devenu oiseau aquatique de terrestre qu'il était autrefois. Il y avait jadis à l'île Saint-Pierre des vignes excellentes qui produisaient le meilleur vin du monde. Les fauquets faisaient leurs nids à l'île Saint-Pierre, et s'attribuaient illégalement plus de la moitié de la récolte. Après toutes les tentatives imaginables pour les chasser, on eut recours aux exorcismes de l'Église.

Un prêtre les anathématisa, leur défendit de reparaître sur la terre, et les condamna à vivre désormais de poissons et à chercher leur nourriture dans l'Océan. Mais les fauquets, par leur construction naturelle, nagent assez mal et ne plongent pas du tout; il leur faut donc vivre en parasites, en chevaliers d'industrie, et se procurer par la ruse une nourriture qu'ils ne peuvent se procurer par leur industrie.

Ils suivent les mouettes, et, au moment où, après avoir plongé, elles sortent de l'eau avec un hareng ou tout autre poisson dans le bec, le fauquet le leur arrache adroitement et s'enfuit à tire-d'ailes. Freys chütz et son maître poursuivirent longtemps des mouettes, et finirent par en tuer une.

Cependant, il s'écoulait du temps ; mais la chapelle de la Vierge paraissait si près, et, d'ailleurs, il y avait tant de belles choses à voir qui captivaient l'âme et l'esprit !

La mer commençait à monter, et d'autant plus vite, qu'un vent de sud-ouest la poussait du large ; cependant, le voyageur ne songeait, lui, qu'à regarder les vagues qui venaient se briser sur le bord. Au loin, la lame se balance longtemps en se gonflant ; à chaque balancement, elle est plus grosse, puis elle s'élève, et sa crête devient d'un vert transparent. Bientôt elle se déchire et blanchit, la crête tombe, et toute la lame se déroule et la suit, puis glisse sur la mer avec une rapidité dont on ne peut s'apercevoir à cause du volume d'eau qu'elle entraîne.

Elle glisse ainsi en grondant jusqu'au bord ; là, elle trouve de la résistance, se dresse en arrière comme un serpent, et monte écumante à une hauteur quelquefois de dix pieds, et de cent par le mauvais temps, jusqu'à ce que, affaissée par son poids, elle se brise, s'écrase, et coure en bondissant avec un horrible fracas. Chaque lame va plus loin que la précédente ; en se retirant, elle entraîne avec elle les galets qu'elle a apportés, et leur choc fait entendre comme un bruit de chaînes. Et encore les bandes de pourpre que le soleil couchant laissait au ciel, et qui se reflétaient violettes dans la mer.

Une brise froide réveilla le voyageur de son admiration. Il s'aperçut alors que la mer montait depuis longtemps ; il siffla Freyschütz, tira pour le chien un gâteau de sa poche, et but lui-même une gorgée de genièvre, puis il se mit en route d'un pas rapide.

La marche est pénible sur les pointes de roche, et surtout sur les galets arrondis qui roulent sous les pieds. Il était souvent forcé de s'arrêter pour respirer. Et, d'ailleurs, malgré le danger de sa situation, dont il commençait à s'apercevoir, il ne pouvait s'empêcher de se retourner de temps à autre pour contempler la dégradation des teintes du soleil couchant ; les nuages, d'abord couleur de pourpre, étaient devenus orangés. Une vapeur rougeâtre montait lentement à l'horizon. Une douce voix de femme l'interrompit dans sa rêverie et lui dit : « Il ne fait pas bon de rester ici, c'est *grande mer* aujourd'hui ; dans une demi-heure, la mer battra la falaise. » Et la femme le dépassa.

Le voyageur doubla le pas pour la rejoindre, et lui demanda si elle allait comme lui à Fécamp.

— A Fécamp ? dit-elle avec l'accent de la plus grande surprise; il y a, d'ici à Fécamp, plus d'une heure de chemin, et je vous dis qu'avant une demi-heure la mer battra la falaise ; tout ce que vous pouvez faire, c'est de remonter avec moi par la prochaine avallure qui conduit au poste de douane.

Et, ces paroles lui rappelant son propre danger, elle marcha plus vite.

— Mon Dieu ! dit-elle un peu après, ce vent de *sur-oue* est terrible, il avance la marée !

Et elle marcha encore plus vite.

La sueur ruisselait sur son front.

— Marchons moins vite, dit le voyageur, vous vous fatiguez trop.

— La mer ne marche pas moins vite, dit la femme ; hâtons le pas, au contraire, s'il est possible. Notre situation est plus dangereuse que vous ne le croyez, la nuit arrive et la mer gronde. — Mes pauvres enfants, disait-elle, qui n'ont plus que moi !

— Mais, dit le voyageur, donnez-moi au moins cet énorme paquet.

— Je le veux bien pour mes enfants, répondit la femme, car je n'ai plus de forces.

— Vous dites que vos enfants n'ont plus que vous, dit le voyageur; êtes-vous veuve?

— Mon mari est parti, il y a un an, pour le banc de Terre-Neuve ; tous les bâtiments sont revenus, excepté le sien, on n'en a plus eu de nouvelles ; ils étaient dessus dix-sept hommes qui ont tous péri. Je n'ai plus, pour nourrir mes enfants, que le peu de filets que mon mari avait laissés à la maison, et qui ne me donnent pas une demi-part dans la pêche du bateau auquel je les confie; en outre, je recueille du varech pour faire la *soude* employée dans les fabriques de verre.

Elle s'arrêta et écouta, car la nuit était tout à fait noire.

— La mer est près de nous; je ne comprends pas comment nous ne sommes pas arrivés à l'avallure; d'un moment à l'autre, la mer va nous gagner. nous sommes perdus.—Jetez mon paquet, dit-elle: trop heureux si nous avons la vie sauve ; il faut courir, et courir aussi fort que nous le pouvons.

Elle commença à courir sur les pointes de roche, le voyageur la suivit, elle était épuisée; de temps en temps, elle s'arrêtait, joignait les mains ; puis elle disait « : Mes enfants ! mes pauvres enfants ! »

Et, à travers l'ombre de la nuit, on voyait l'écume blanche des vagues. Une lame vint leur mouiller les jambes.

— Je ne vois pas l'avallure, disait la femme ; nous sommes perdus, nous sommes perdus !

La mer faisait un horrible bruit.

Pendant ce temps, Freyschütz courait çà et là, faisant lever les goëlands, cachés dans les roches et aboyant de plaisir.

Ils arrivèrent à un endroit où la falaise s'avançait en pointe ; cette pointe était déjà dans l'eau.

— On ne peut plus passer! dit la veuve.

Et elle se laissa tomber sur le galet.

La mer grondait toujours, la lune sortit un moment d'un nuage et montra les lames si près de la falaise, qu'à peine s'il restait encore un passage.

Le voyageur voulut en vain relever sa compagne; la fatigue et le désespoir l'avaient écrasée.

Il lui parla de ses enfants ; elle essaya de se lever et retomba sans mouvement.

Le voyageur se déchirait la poitrine de désespoir. Pour rien au monde il n'eût abandonné ainsi cette malheureuse femme; il la prit dans ses bras et marcha péniblement avec son fardeau. En vain son œil interrogeait la falaise... Toujours le mur lisse et uni de trois cents pieds de haut! Il vint un moment où chaque lame lui mouillait les jambes. Freyschütz commençait à comprendre le danger et poussait de plaintifs hurlements. Une vague roula jusqu'au voyageur et le couvrit tout entier; il fut renversé, mais sans lâcher son fardeau.

La lune encore une fois sortit du nuage et montra un spectacle affreux. La mer à l'horizon paraissait aussi haute que les falaises; on voyait les lames, blanches et pressées, descendre tout entières sur la terre. Une lame s'éleva à une hauteur prodigieuse, et s'avança en roulant et s'élevant toujours.

Le voyageur posa la femme à terre; il arracha son habit et siffla Freyschütz.

— Il est inutile de me sacrifier à cette femme peut-être déjà morte, pensa-t-il, et surtout de me sacrifier sans espoir. Je vais tâcher de me sauver à la nage avec Freyschütz.

La lame tomba et l'entraîna; il se cramponna à une roche d'une main, et de l'autre retint la pauvre femme inanimée. Freyschütz disparut emporté par la vague.

Une sueur froide coula du front du voyageur ; il appela d'une voix déchirante son fidèle compagnon. La mer était toute blanche d'écume.

De cette écume sortit bientôt la large tête noire de Freyschütz. Après de longs efforts, il revint à son maître, qui le serra dans ses bras.

— Mon pauvre Freyschütz, lui dit-il, nous allons mourir ensemble. Quelque près de la falaise qu'il marchât, il avait alors de l'eau jusqu'aux genoux, Freyschütz n'avait plus que le col dehors. Une voix se fit entendre. Une lueur parut dans la falaise.

— Ohé ! par ici !

— Qui appelle? dit le voyageur d'une voix défaillante.

— Moi, un douanier. Mais ne perdez pas de temps.

— Par où ?

Le douanier descendit avec son falot.

C'était l'avallure qu'ils avaient dépassée sans la voir.

Le douanier aida le voyageur à monter son fardeau. Quand ils furent en haut, le voyageur regarda la mer ; elle battait la falaise avec fureur. On entra dans la cabane du douanier, et l'on ranima la pauvre veuve.

Comme ils arrivaient sur le port de Fécamp, c'était une grande joie. Au déclin du jour, un navire presque démâté avait paru dans la bande rouge du soleil couchant. Les vieux du pays venaient de reconnaître le bâtiment que l'on croyait perdu depuis longtemps ; mais la mer était si mauvaise, qu'il n'y avait pas moyen de mettre une seule chaloupe dehors.

On alluma de grands feux sur la jetée. Le navire mit en panne avec le peu de voiles qui lui restaient, car, par un pareil temps, il n'eût osé approcher du port de Fécamp, dont l'entrée était impraticable.

Toute la nuit se passa dans des transes successives de joie et de crainte. Le matin, c'est-à-dire douze heures après, car il fallait attendre la marée, le navire entra dans le port. Les hommes étaient pâles et maigres ; ils mirent pied à terre, et ne répondirent aux caresses de leurs femmes et de leurs enfants qu'en leur imposant silence par un signe de la main.

On comprit que, dans le danger, ils avaient fait un vœu. On s'écarta respectueusement. Tout le monde se découvrit la tête ; les marins alors s'agenouillèrent ; et, toujours rampant sur les genoux, ils montèrent jusqu'à la chapelle de la Vierge ; là, ils entonnèrent un cantique que tout le monde chanta avec eux. C'est un cantique bien connu sur toute la côte et qui commence ainsi :

> Vierge sainte, exaucez-nous,
> Notre espoir est tout en vous.
> Chère dame de la garde,
> Très-digne mère de Dieu.
> Soyez notre sauvegarde,
> Pour nous défendre en tout lieu.

Puis les femmes, les enfants, les sœurs embrassèrent en pleurant les pauvres marins que le cœur seul pouvait reconnaître, tant ils avaient souffert ! et, dans les bras de son mari, la veuve ne pensa pas à remercier le voyageur ; mais, en voyant le bonheur de cette pauvre femme, le voyageur ne pensa même pas qu'elle aurait pu le remercier.

III

MAITRE PIERRE

Sainte-Adresse, 1849.

Au commencement de l'été dernier, la mer, dans une nuit de colère, avait brisé mon canot, *la Langouste*; la douane avait, selon l'usage, constaté *le décès* de l'embarcation. — Il fallut faire faire un autre canot, et aussi remplacer quelques filets, qui avaient été perdus dans le sinistre. — A cet effet, je pris la route d'Étretat, et j'allai trouver le père Quertier, qui en avait, m'avait-on dit, quelques-uns à vendre, et qui demeure à moitié chemin à peu près de Sainte-Adresse à Étretat.

La mère Quertier, de temps immémorial, — Quertier est son second mari, — tient un cabaret isolé, à une demi-lieue au moins de toute habitation, et bien connu sous le nom de *Café Terreux*. — Je ne sais si le nom de Terreux vient de celui qui l'aurait fondé autrefois, — ou de ce qu'il est simplement creusé dans l'argile de la côte. La mère Quertier est une femme honnête et considérée, — qui vend du café et du cassis (dans le pays, on dit cassif), non pas, comme elle le dit, « du cassif drogué, — mais du cassif tel qu'il vient dans le jardin, sans sucre, sans rien ; » — également du pain et des œufs durs ; les chevaux y trouvent aussi de l'avoine et de l'eau, et rien ne les déciderait à passer devant le *Café Terreux* sans s'y arrêter.

Je ne tardai pas à m'arranger avec le père Quertier, qui me céda une partie de ses filets, et, comme il m'offrit un verre de *cassif*, auquel sa femme ajouta « une pierre de sucre », nous nous attablâmes dans un coin.

A une autre table étaient quelques hommes de la campagne, qui buvaient du cidre. — Deux discutaient avec chaleur, les autres semblaient être le tribunal.

— Écoute, maître Jean, disait un des interlocuteurs, tu as tort, tu ne respectes rien ; tu es connu dans le pays pour un empiéteux. Chaque fois que tu laboures ton champ, tu fais un sillon de plus, — tantôt tu le prends à *la sente*, tantôt au grand chemin, tantôt à un de tes voisins. Quelquefois, on te fait rendre le sillon ; mais, d'autres fois, on ne dit rien, et tu le gardes ; ça n'est pas comme ça qu'on doit augmenter l'héritage de ses pères : c'est par le travail, c'est en améliorant son fonds, et non en empiétant sur celui des autres.

— Qu'est-ce que tu viens me parler de sillon et de labour ! reprit celui qu'on appelait Jean ; il y a six mois que je n'ai labouré, et je ne labourerai pas avant quatre mois d'ici.

— Ce que je te reproche n'est pas d'hier ; je veux parler de ton habitude ; mais ce qui est d'hier, c'est la haie et les arbres que tu as commencé à planter au bord de la propriété de M. Léon ***.

— Est-ce qu'on n'a pas le droit de se clore, à présent ? Je vous le demande, à vous autres.

— Oui, certes, dit l'un des assistants, on a le droit de se clore.

— Il ne s'agit pas de ça, et tu fais semblant de

ne pas me comprendre, maître Jean. Et à quelle distance plantes-tu ta haie ?

— A peu près à la distance ordinaire.

— Eh bien, moi, je te dis que tu n'es pas à distance.

— Pas à distance? — un pied et demi pour une séve (haie vive) d'épines ! — l'article 259 de la coutume d'Orléans est pour moi.

— Oui-da ! — mais l'article 259 dit que la haie sera séve d'épines blanches, et pas d'épines noires.

— Qu'est-ce que ça fait?

— Tu le sais aussi bien que moi, ce que ça fait : l'épine noire trace et envahit l'héritage du voisin.

— Eh bien, alors, il y a un arrêt du parlement de Rouen du 17 août 1751, qui fixe un pied et demi pour les haies, sans dire de quelle séve, et la coutume normande battra la coutume d'Orléans en Normandie.

— Nous verrons ça. Et les arbres?

— Il y a règlement du parlement de Grenoble du 8 octobre 1612, qui dit de planter à six pieds.

— Ah ! tu ne veux plus de la coutume normande, à ce qu'il paraît, pour tes arbres. Pourtant ton arrêt de 1751 en devise un brin : il dit de ne pas planter plus près que vingt-quatre pieds.

— Oui, pour de la futaie, mais ce que je plante, c'est des pommiers heuribles (précoces).

— Eh bien, l'arrêt dit alors sept pieds pour tout arbre.

— Alors, je garde l'arrêt du parlement de Grenoble. — D'ailleurs, en quoi ce que ça le gêne, ton M. Léon ***, que mes arbres soient à quelques pouces plus près ou plus loin ?

— Oh ! mais c'est que tu es malin. Dans quelques années, tu viendras dire : « J'ai un pied et demi à reprendre sur M. Léon. Voyez ma haie. On ne me l'aurait pas laissé planter plus proche que je n'avais droit. » Et tu gagneras un bon pied... Et aussi : « J'ai sept pieds depuis mes arbres. » Et tu voudras bien alors de la coutume normande.

Maître Jean rit lui-même avec un certain air satisfait de voir son habileté reconnue. Tout le cabaret prit part à sa gaieté.

— Maître Pierre, laisse-moi faire mes affaires

avec M. Léon***, ajouta maître Jean, et je te payerai un pot de cidre quand tu voudras, car qué que ça te fait?

Je sortis, un peu pressé par l'heure, car cette conversation me semblait étrange. Un autre voyageur sortit en même temps que moi. Je recommandai au père Quertier de m'envoyer mes filets par la voiture d'Étretat, et je me mis en marche pour Sainte-Adresse.

Mon compagnon de voyage avait serré la main à maître Pierre et à maître Jean. — Je lui demandai si c'étaient le maire et le juge de paix, ou deux avocats.

— Eux! — me dit-il, — ce sont deux paysans, deux cultivateurs. — Jean est riche, et Pierre ne l'est pas, voilà toute la différence. — Jean a une belle ferme, et Pierre n'a qu'un lopin de terre autour d'une masure; — aussi il va en journée chez des bourgeois.

— Mais ces textes de loi qu'ils citent?

— Ah! dame, faut bien savoir un peu les lois; comment qu'on défendrait son pauvre bien sans ça, et qu'on augmenterait tout doucement l'héritage de ses enfants?

— Savez-vous aussi les codes?

— Je n'en sais pas aussi long que Pierre et Jean, et il y en a plus comme moi que comme eux; mais ils ne sont pas les seuls pourtant, et il y en a de plus forts qu'eux, parce que Jean ne sait presque pas lire, et Pierre pas du tout. Mais on ne refait pas un Normand sans se donner un peu de mal.

— Alors, je vous ferai la question que Jean adressait à Pierre quand nous sommes partis. — Maître Pierre me paraissait défendre le bon droit, mais je ne crois guère au désintéressement de gens qui ont pris la peine de devenir de si grands jurisconsultes. — *Qué que ça fait à Pierre?* est-il héritier, parent, ami, ouvrier de ce M. Léon***?

— Ni héritier, ni parent, ni ami, — ouvrier quelquefois; mais, quand un homme a fourni ses bras et qu'un autre lui a payé ses journées, ils ne se doivent rien ni l'un ni l'autre.

— C'est juste.

— Mais maître Pierre a des raisons pour s'intéresser à la propriété de M. Léon***. — Où allez-vous?

— A Sainte-Adresse.

— Moi, à Bléville. Nous allons ensemble presque jusqu'à la cavée de Sanvic. — J'ai le temps de vous raconter ça. — Quand nous nous séparerons, nous ne serons pas loin de la propriété en question.

Voilà ce que c'est : — L'année passée, il y a eu des clubs publics ; cette année, il y a des réunions où ne se rendent que ceux qui sont du même avis. — Il y a là des gens qui promettent, offrent de grandes *dorées* au peuple, aux pauvres et aux ouvriers, — tartines où il y a du beurre, et même des confitures dessus, — mais pas de pain dessous.

D'autre part, les bourgeois, qui ont eu trop peur en 48, n'ont plus assez peur en 49.

Ils sont un petit peu durs au monde et ont l'air de vouloir se revancher de leur peur de l'année dernière. Repoussés d'un côté, attirés de l'autre, les pauvres et les ouvriers écoutent ceux qui leur font le plus de promesses, — à défaut de ceux qui leur donneraient le plus.

Et puis il y a une société qu'on appelle de la rue de Poitiers qui a fait distribuer toute sorte de petits livres ennuyeux, qui disaient qu'on voulait ramener un gouvernement où les pauvres se partageraient la fortune des riches. — Ces petits livres disaient que ça ne valait rien. — Mais, au contraire. ça fait venir des idées à beaucoup; les uns disent que c'est pour dans longtemps; d'autres disent que c'est pour le mois prochain, quelques-uns que c'est pour la semaine prochaine.

Il faut dire la vérité, monsieur : tout ce qu'il y a de fainéants, de buveurs, de propres à rien. font semblant d'être socialistes, mais aussi tout ce qu'il y a d'égoïstes, d'avares, disent qu'ils agissent pour l'ordre. — Quand on regarde bien, on voit qu'ils n'ont raison ni d'un bord ni de l'autre, — mais chacun des deux partis donne un peu raison à l'autre. — Les égoïstes, les avares font dire qu'il serait bon de les mettre un peu au pas, qu'il y a bien des choses à faire pour le peuple; que les subsistances devraient être à bon marché, etc.

Mais, quand on écoute les soi-disant socialistes, quand on voit des épaules pas fortes du tout demander les fardeaux les plus lourds, on pense que les autres ont un peu raison et qu'il faut soutenir l'ordre, dans l'intérêt même du progrès.

De façon que chacun plaide pour soi, et gagne la cause de son adversaire.

Une réunion s'est formée où des pauvres gens et des ouvriers se sont partagé par avance les biens des riches, pour qu'il n'y ait pas de confusion au jour où la chose pourra se faire. Maître Pierre est de cette réunion ; comme il connaît bien la loi, on l'écoute volontiers. Quand on a eu fait les lots, on lui a dit de choisir; il a choisi le plus petit; il a choisi le bien de M. Léon***, qui n'est qu'une ferme et un jardin, et il a laissé les grosses parts aux autres. On a applaudi, car on a dit qu'il n'était pas ambitieux et on l'a laissé faire.

Depuis ce temps, Pierre considère la propriété de M. Léon*** comme à lui. Jamais le fils aîné d'un bourgeois ne s'est cru aussi sûr de l'héritage de son père. C'est pour cela qu'il en défend les limites avec tant d'acharnement; il ne permet à personne d'empiéter sur son bien.

Au commencement, ça allait bien. M. Léon*** ne savait rien de l'affaire, et il prenait souvent Pierre, qui est bon jardinier, pour faire quelques journées chez lui. Il faut voir avec quel cœur Pierre travaillait; il venait une heure avant l'Angélus du matin, et ne s'en allait qu'un quart d'heure après l'Angélus du soir. — Il ne mettait pas une demi-heure à dîner. Il faut dire que M. Léon*** n'est pas grand jardinier, pas très-curieux de ses plantes, ni très-ambitieux de ses arbres, et ce qu'il ordonnait à Pierre de faire, c'était le plus souvent de râtisser les allées, de faucher les gazons et d'arroser les fleurs autour de la maison ; — mais Pierre ne s'en tenait pas là. — Si vous saviez ce qu'il a greffé sans rien dire de coignassiers et de sauvageons avec des greffes de poires nouvelles qu'il se faisait donner de côté et d'autre, et les belles roses qu'il a entées clandestinement sur les églantiers ! Un hiver, il s'est introduit trois nuits de suite par-dessus une haie pour porter du fumier qu'il avait acheté et l'enfouir au pied des arbres à fruits. — Il était bien mécontent de M. Léon***, qui laissait ainsi dépérir les pauvres arbres par lésine; il racontait à tout le monde que les arbres étaient tout couverts de mousse, tant le terrain s'était amaigri.

La propriété de M. Léon*** manque d'eau, — il n'y a qu'une grande mare pour arroser, et, dans les mois de septembre et d'octobre, elle était toujours sèche. — Eh bien, Pierre, par une foule de rigoles creusées à grand'peine, a conduit à cette mare l'eau qui se perdait sur les propriétés voisines, et aujourd'hui la mare est la meilleure et la plus abondante de la contrée.

Mais il y a quelque temps, M. Léon et Pierre se sont fâchés. — Il y a du côté de l'ouest un vieux mur ruiné et crevassé, dans lequel poussent des pariétaires et toute sorte de plantes; de vieux lierres qui ont peut-être contribué à le renverser, ont l'air aujourd'hui d'être son seul soutien.

M. Léon ***, qui, comme je vous l'ai dit, n'est pas très-*curieux* de jardinage, aime beaucoup le sauvage, ce qu'il appelle un style pittoresque, ce que nous appelons, nous, un genre bachique. Il s'avise d'adorer ce vieux mur; — c'est un drôle de goût, — mais c'est son goût, et le mur est à lui.

Comme Pierre travaillait au jardin il y a à peu près trois mois, et qu'il était près de ce mur, M. Léon lui dit : — Eh! maître Pierre, éloignez-vous du mur; il y a dans les lierres un nid de roitelet et vous pourriez effaroucher la couveuse.

— Elle sera bien mieux effarouchée, dit Pierre, quand on va abattre le vieux mur pour le reconstruire.

—Et qui est-ce qui abattra le vieux mur ?

— Mais Joseph le maçon, aussitôt que vous lui en aurez donné l'ordre, et ça pas plus tard que tantôt, car je lui ai dit de venir vous parler.

— Et qui vous avait donné cette commission, maître Pierre ?

—Le bon sens, monsieur Léon ; je ne suppose pas qu'il vous plaise de vous trouver *déclos* un de ces matins, et de voir les charrettes traverser votre jardin et les moutons paître dans vos fleurs.

—J'ai consulté ce même Joseph, et il m'a assuré que le mur tiendrait debout encore vingt ans.

—Possible, mais ça n'est pas *propre*, un mur comme ça.

— Comment, pas propre ! mais il est magnifique. Je ne donnerais pas pour cinq cents francs le lierre, les pariétaires et les fougères qui poussent dessus ; — je ne dérangerais pas pour cinq cents autres francs le petit roitelet troglodyte qui y fait son nid tous les ans.

— Ça n'empêche pas, monsieur, que tout le monde est d'accord qu'un beau mur neuf, — en cailloux taillés et chaînes de briques, bien *paré* et crépi, et formant des carreaux noirs et blancs comme un damier, — est plus beau et plus propre qu'un vieux mur en ruine, couvert de mauvaises herbes et de plantes parasites.

— C'est une affaire de goût, maître Pierre.

— Oui ; mais savez-vous ce qu'on dit ? On dit que vous êtes avare, on dit que vous laissez dépérir votre propriété par lésine, on dit bien pis que cela encore.

— Et que dit-on, maître Pierre ?

— Je n'ose pas trop le répéter, parce que c'est trop fort.

— Allez toujours.

— On dit que vous êtes ruiné, et que vous n'avez pas le moyen de faire réparer votre clôture.

— Est-ce là tout ?

— Mais il me semble que c'est bien gentil comme ça.

Trouvant la volonté de M. Léon *** inébranlable, Pierre ne s'est pas tenu pour battu ; — il a officieusement et clandestinement averti le maire du mauvais état du mur et exprimé des craintes sur la sûreté des passants, le mur pouvant d'un moment à l'autre tomber, soit en dedans, soit en dehors du jardin.

Le maire est venu avec son adjoint. — On a ordonné une expertise. — Il a été décidé que le mur était vieux, ne faisait pas une clôture *propre* (tout le monde est, à ce qu'il paraît, d'accord là-dessus), mais que la sécurité publique n'était pas encore intéressée à sa démolition.

Pierre était furieux. — Il me laissera, disait-il en parlant de M. Léon, la propriété dans un bel état! — Avec quoi veut-il que je puisse bâtir des murs..., moi? Est-ce que ce n'est pas le devoir d'un propriétaire d'entretenir son héritage en bon état? — J'en aurai au moins pour huit cents francs à refaire ce mur-là. — Et où veut-il que je les prenne? C'est un brigandage!

Depuis ce temps, quand il travaillait chez M. Léon ***, il répondait à peine aux questions de celui-ci et ne faisait rien que de mauvaise grâce.

— Cependant, M. Léon *** le gardait parce que, s'il diminuait de politesse pour le maître, il ne diminuait pas de soins pour la propriété, et son ardeur au travail semblait s'accroître chaque jour.

— C'était pour M. Léon *** sans cesse de nouvelles surprises. — Il voyait un matin splendidement épanouie la nouvelle rose *jaune de Perse*, rose encore presque inconnue dans les jardins, là où il ne connaissait que des églantiers. — Une autre fois, lui qui n'a pas acheté d'arbres depuis vingt ans, il cueillait le *bigarreau Napoléon* ou la poire *Williams*, qui sont des fruits tout nouveaux dans les cultures et que beaucoup de ses amis se sont procurés à grands frais, il y a quelques années.

Mais Pierre, qui s'effrayait de plus en plus d'avoir à refaire le mur de l'ouest au jour du partage, Pierre, qui avait fait faire un devis de ce mur par le maçon Joseph, et qui avait appris avec indignation que ça *lui* coûterait non pas huit cents francs, mais douze cents, — Pierre s'est obstiné à le faire reconstruire par le maître actuel.

M. Léon tient aux fougères et à la pariétaire. — Pierre arracha les fougères et la pariétaire, — il coupa les vieux lierres au pied, à quatre pouces sous terre, de façon qu'ils ont jauni et perdu leurs feuilles; sans qu'on puisse savoir pourquoi, il a détruit le nid du petit roitelet.

Et, un jour, M. Léon *** l'a surpris — debout sur la crête du mur, une pioche à la main — et le démolissant à coups redoublés.

Cette fois, M. Léon *** s'est mis en colère, il a

failli l'assommer et l'a mis dehors. Depuis, M. Léon ***
a appris la dénonciation au maire, — et, qui plus
est, les détails du partage et les prétentions de
Pierre sur sa propriété.

De sorte qu'ils sont très-malheureux tous les
deux.

Pierre ne peut plus mettre les pieds dans son
futur jardin, — si ce n'est clandestinement, la
nuit; — et dernièrement un gros chien qu'on y
lâche depuis quelque temps lui a enlevé un morceau de pantalon et quelque autre chose en sus. —
Il s'informa aux domestiques : — Travaille-t-on
au jardin? — Après l'ouragan de l'autre nuit, a-
t-on fait visiter la toiture par les couvreurs? —
Entre-t-il du fumier dans le jardin?—Est-il question de rebâtir enfin le mur de l'ouest?

Et il n'obtient pas tous les renseignements qu'il
voudrait, parce qu'il est très-sévèrement défendu
aux domestiques d'avoir aucunes relations avec
lui.

M. Léon ***, de son côté, a l'esprit frappé des
prétentions et de l'opiniâtreté de Pierre; — il en
rêve la nuit; il semble que sa maison et son jardin
ne sont plus tout à fait à lui. — Quand il voit

Pierre rôder autour de la maison, il s'inquiète et ne le perd pas de vue; — il a donné des ordres à Joseph pour reconstruire le mur de l'ouest, parce qu'il ne se trouve plus assez clos, et que Pierre pourrait bien s'introduire par là.

Pierre cependant, comme nous l'avons vu tantôt, ne laisse pas empiéter sur sa terre. — Le petit champ sur les limites duquel vous l'avez entendu discuter avec Jean n'est pas enclos dans le jardin, et c'est la seule partie de la future propriété où il puisse maintenant pénétrer. — Il est dévoré d'inquiétudes. En effet, il est comme je vous l'ai dit, habile jardinier; tout le temps qu'il a été chargé du jardin de M. Léon ***, il taillait les arbres pour les faire pousser en bois, se réservant de ne les *mettre à fruits* que lorsqu'il entrerait en possession.

Maintenant, il se demande si on ne va pas les tailler au contraire pour les faire *crocheter* et donner du fruit. — Si on prend un nouveau jardinier, il n'y manquera pas, ne fût-ce que pour se faire valoir. — Si on n'en prend pas, on ne les taillera pas du tout; ça sera bien pis; ils seront chargés de fruits, s'épuiseront et se déformeront en deux ou trois ans. Ces espaliers, ces quenouilles qu'il avait pris tant de soin et de joie à conduire, — on les lui livrera dans un bel état !

— Mais voici, me dit mon compagnon, que notre route se sépare ; je vais prendre à droite pour Bléville, et vous allez, vous, descendre la cavée de Sanvic, pour Sainte-Adresse. — Adieu, monsieur.

Je me mis à descendre en effet la cavée de Sanvic ; — et, chemin faisant, je me disais : Mon compagnon a raison, on laisse la classe pauvre entre des gens qui promettent tout et des gens qui ne veulent rien donner. — S'ils avaient à choisir encore entre des gens qui promettraient beaucoup et d'autres qui donneraient un peu !

Beaucoup de ceux qui s'intitulent socialistes n'ont pas de droits à ce titre. — Le socialisme doit être la recherche des perfectionnements pacifiques de la société, — et ceux-là ne rêvent que ruines et désordres.

Mais il n'en est pas moins vrai que c'est une énorme sottise de s'intituler antisocialistes.

S'il plaisait au parti du mouvement de s'appeler *amis du peuple*, serait-il juste et sage aux amis de l'ordre de s'intituler les ennemis du peuple?

D'ailleurs, une révolution qui n'apporterait pas de progrès dans l'état de la société ne vaudrait pas ce qu'elle coûte; — si elle ne faisait que prendre les places et les dignités aux uns pour les donner aux autres, — il faudrait dire comme mon matelot Buquet : « C'est comme quand on change de logement pour ne faire que changer de punaises. »

C'est Racine, je crois, qui raconte qu'un prédicateur ambulant, se trouvant sur une place de Naples, et voyant que la foule l'avait abandonné pour les lazzis d'un polichinelle, ne s'amusa pas à invectiver le polichinelle; il éleva son crucifix et s'écria : *Ecco il vero pulcinella!* — Voilà le vrai polichinelle — celui qui dit la vérité, etc., etc. »

Il faudrait dire : « Nous sommes les vrais socialistes, voici notre programme! » et, ce programme donné, il faudrait le suivre.

Car la même loi et le même gouvernement doivent, il est vrai, à la fois préserver le riche contre l'avidité et la haine du pauvre, et préserver le pauvre contre la tyrannie et l'égoïsme du riche.

Alors, on aurait avec soi tous les gens de bon

sens, de bon cœur et de bonne foi de tous les partis. — On n'aurait plus contre soi que les fous et les imbéciles de tous les partis, et l'issue de la lutte ne serait plus ni douteuse ni inquiétante.

Comme je continuais à descendre la cavée, — mon esprit, chassant aux papillons, avait attrapé quatre vers quand j'aperçus la mer et Sainte-Adresse ; — aussi la chose n'eut pas de suite, — tant je sens bien en face de l'Océan la vérité des paroles d'un vieux pêcheur d'Étretat de mes amis. qui, entendant parler des troubles et des inquiétudes politiques, étendit les deux bras vers la mer, et — me la montrant, bleue et immense comme le ciel, riche et toujours la même, — me dit :

— Qu'est-ce que ça nous fait ?

Voici les quatre vers :

> Le *blanc* veut pour lui seul les abus conservés ;
> L'autre croit qu'à son tour il est temps qu'il y goûte.
> Les *blancs* sont simplement des *rouges* arrivés,
>   Et les *rouges* des *blancs* en route.

IV

LES GENS DE MER

I

Sainte-Adresse, 1850.

Vous me demandez si je ne m'ennuie jamais au bord de la mer ; c'est un beau spectacle, dites-vous, mais uniforme et monotone...

Pour toute réponse, je vous dirai : Vous n'avez pas vu la mer, venez enfin cet été voir elle et moi, et vous me direz après si c'est uniforme et monotone. Vous aimez les tableaux ; eh bien, toutes les cinq minutes, la mer vous présente un nouveau tableau de Gudin ; il y en a même qui sont remplacés au bout d'une ou deux secondes, et de ceux-là mêmes Gudin en a reproduit quelques-uns, grâce à son admirable mémoire. Il y a dix ans que je cherche à revoir un coucher de soleil que j'ai admiré une fois. Eh bien, il ne s'est jamais reproduit ; tous les jours, la nature a créé de nouvelles magnificences depuis dix ans, et ne s'est pas encore répétée.

Et puis aussi, il y a les habitants, les pêcheurs, les marins, que vous aimeriez comme moi si vous les connaissiez. Je ne veux vous parler aujourd'hui ni de leur sage indifférence pour la plupart des choses que se disputent les autres hommes, ni de leur dévouement désintéressé ; je veux vous dire seulement combien d'aliment ces gens simples et silencieux peuvent donner rien qu'à la curiosité.

Quand vous serez ici, nous irons ensemble acheter, après dîner, deux cigares chez un épicier qui demeure au fond du village. Si je ne vous dis rien, vous ne verrez rien ; vous entrerez dans une petite boutique, peinte en vert, sur laquelle sont les inscriptions ordinaires : *Contributions indirectes. Tabac*. Vous demanderez deux cigares ; un homme de soixante ans vous désignera une boîte dans laquelle vous choisirez vos cigares ; vous payerez, on vous rendra votre monnaie ; nous sortirons ; vous me direz : « Eh bien, après ? »

Eh bien, avant de venir ouvrir, dans le village où il est né, une petite boutique d'épicerie, cet homme, pendant plus de quarante ans, a été chercher, à travers les mers et les tempêtes, ce sucre et ce café, et ces clous de girofle, et ce tabac qu'il vous vend.

C'est déjà un peu plus intéressant que le débitant de votre quartier, qui va, depuis le même espace de temps, chercher son tabac à l'entrepôt, son sucre et son café rue de la Verrerie.

Mais ce n'est pas tout.

Cet épicier a fait les guerres de l'Empire; il s'est battu vingt fois avec les Anglais; il a été corsaire. Ce n'est pas tout, il a été pris dans un combat naval, sur un navire coulé bas; il a été emmené en Angleterre. Dix fois il a essayé de s'échapper, dix fois il a été repris et resserré plus durement, mais il était décidé à quitter l'Angleterre. Un jour, enfin, il s'est échappé avec un camarade aussi malheureux et aussi résolu que lui; ils ont volé un petit canot de douze pieds à je ne sais quels pêcheurs anglais. Douze pieds est une dimension que l'inspecteur de navigation trouve absurde et dangereuse sur la Seine. On m'a personnellement, il y a une douzaine d'années, mis en fourrière, confisqué, détruit un canot que j'avais sur la Seine, parce qu'il n'avait que douze pieds de longueur, et que la prudence paternelle de l'administration ne veut pas qu'on s'expose sur la rivière avec une aussi frêle embarcation.

Une fois en possession de ce canot de douze pieds, nos deux Normands se mirent en route pour revenir en France, et traverser la mer ; ils avaient une petite provision de biscuit et une bouteille de genièvre. A peine avaient-ils quitté la rive, que le ciel devint menaçant ; tout présageait du gros temps. Ils se consultèrent ; ils furent parfaitement d'accord qu'ils aimaient mieux se noyer que de retourner chez les Anglais. Ils firent leur prière et se mirent en route : les présages du ciel se confirmèrent, et, au bout de trois jours, des pêcheurs trouvèrent le canot avec les deux hommes presque morts de faim, de soif et de fatigue ; mais c'étaient des pêcheurs français. Ils étaient sauvés, et voilà comment notre homme est venu s'établir épicier dans le village où il est né.

Mais en voici un autre qui passe ; celui-ci est encore pêcheur, il mourra pêcheur. Il a plus de soixante ans, il est robuste et vigoureux comme à quarante ans. Il n'a pas été au service. Il était toujours prêt, mais on ne l'a pas demandé. Cependant, il lui est arrivé une chose qu'envieraient des marins qui ont passé toute leur vie au service.

C'était pendant la guerre; des navires anglais rôdaient aux alentours de la rade du Havre. Les pêcheurs français avaient ordre de rentrer avant la fin du jour, et de ne pas s'écarter hors de portée de la vue.

Maître Pierre était jeune alors, un peu aventureux, aimant à éluder les ordres des commissaires de la marine. D'ailleurs, il n'avait rien pris à la mer depuis plusieurs jours. Il décida les deux compagnons qui montaient son canot avec lui à dépasser les limites prescrites ; bien plus, à passer la nuit dehors.

Leur désobéissance fut punie comme dans une fable. Le jour commençait à poindre lorsqu'une petite goëlette anglaise, qui rôdait, *quærens quem devoret*, avisa la petite barque, la héla, et lui fit signe d'approcher.

Nos pêcheurs virent un peu tard qu'ils avaient fait une sottise, firent semblant de ne pas entendre, hissèrent leurs petites voiles, et se disposèrent à regagner la rade et la terre à la faveur d'un vent favorable, espérant que la goëlette les mépriserait, ne daignerait pas se déranger pour une si chétive embarcation, et ne s'aviserait pas de tirer sa poudre aux moineaux.

Ils se trompaient. Le capitaine de la goëlette avait besoin de renseignements. Il renouvela ses signaux, et crut devoir, pour en faciliter l'intelligence, les appuyer d'un tout petit boulet, qui ricocha à quelques pieds du canot, et qui l'aurait percé et fait couler s'il l'avait atteint. Mais Pierre et ses compagnons savaient bien qu'on ne les avait pas visés, et que ce n'était qu'un avertissement, mais que le coup suivant les coulerait, et que d'ailleurs la goëlette les rattraperait en deux enjambées. Il fallait obéir. On amena les voiles et on rama de mauvaise grâce, mais on rama vers la goëlette; on hissa les trois hommes à bord, puis on défonça leur canot, qui coula et disparut. On leur fit des questions auxquelles Pierre refusa de répondre. Un de ses compagnons répondit de hardis mensonges. On allait interroger le troisième, lorsqu'on fut distrait par une alerte. Un brick français venait à toutes voiles sur la goëlette. On mit à fond de cale les trois pêcheurs convenablement ficelés, puis on se prépara au combat.

Je veux bien ne pas vous donner tous les détails de ce combat. Il fut très-acharné. La nuit arriva et sépara les combattants. On s'était fait beaucoup de mal de part et d'autre. Chacun se considéra comme suffisamment vainqueur, et gagna le large. Le navire anglais avait été le plus maltraité, probablement. Le capitaine était tué, le second grièvement blessé. Il ne restait plus que sept hommes de tout l'équipage. On répara les cordages coupés par les boulets; on remplaça un mât rompu; puis on se mit en route pour un port anglais. Un point noir, qui avait paru à l'ouest, monte en s'étendant. Le vent souffle par rafales; les grains, mêlés de vent et de pluie, se succèdent rapidement; la mer se gonfle. Il fallut amener une partie des voiles et une terrible tempête ne tarda pas à se déclarer.

Malgré l'absence du capitaine et la blessure du second, l'équipage se défendit bravement et habilement contre la tempête. Pendant ce temps, nos trois Normands se désespéraient; ils avaient, pendant le combat, adressé au ciel de ferventes prières pour que les Français prissent le navire anglais et les délivrassent; mais il fallut renoncer à cet espoir.

Tous trois avaient au pays des femmes et des enfants et s'alarmaient avec raison du sort de leur famille; de plus, ils se rappelaient tous les récits du sort des prisonniers au pouvoir des Anglais, et Pierre surtout disait que, puisque les Français n'avaient pu les délivrer, il eût été au moins bien heureux que la goëlette fût coulée bas ; qu'il aimait autant être noyé que prisonnier, et que cela l'aurait consolé plus d'à moitié de voir les Anglais se noyer avec lui.

— Quel malheur ! disait un autre, que nous n'ayons pas été sur le brick avec les Français ! Pour ma part, je ne suis pas soldat, je ne me suis jamais battu, mais j'aurais cogné si dru que ça n'aurait pas nui à l'affaire.

— Ma pauvre femme ! mes pauvres enfants ! disait le troisième

— Mais quel temps fait-il ? disait Pierre ; le navire roule terriblement, la mer gronde sous la quille, les mâts craquent ; je ne m'y connais plus, ou il fait ou il va faire un furieux temps.

Cependant, en effet, la tempête devenait horrible. L'équipage, réduit à sept hommes, dont quelques-uns blessés, avait peine à suffire à la manœuvre, surtout après les avaries subies pendant le combat. Tout à coup un matelot s'élança de la cale, pâle et essoufflé.

— Capitaine, dit-il au second, une voie d'eau ! Il y a une voie dans la cale !

Un grand tumulte se fit sur le pont. Le capitaine rétablit le silence et donna l'ordre de se mettre aux pompes. Il fallut que la moitié des hommes se mît à pomper, pendant que l'autre moitié s'arrangerait pour conduire le navire. Cependant, le charpentier chercha s'il verrait la voie d'eau et s'il pourrait la boucher. Mais il y avait déjà une grande hauteur d'eau dans le navire, et l'ouverture, faite sans doute par un boulet, ne pouvait se découvrir. Au bout d'une heure, les premiers hommes employés à la pompe étaient épuisés; l'eau n'augmentait pas, mais ne diminuait pas non plus. L'effort des pompes compensait seulement l'invasion de l'eau. Les trois autres les remplacèrent. Le lieutenant, quoique blessé, restait à la barre.

L'officier fit monter la barrique de rhum et en donnait lui-même des rations modérées. Au bout de quelques heures, la tempête était loin de se calmer. Les hommes, fatigués, pompaient plus mollement. On s'aperçut avec épouvante que l'eau gagnait. On avait fait monter nos pêcheurs sur le pont, à moitié pour qu'ils ne fussent pas noyés, à moitié pour qu'ils n'encombrassent pas la cale. Pour comble de terreur, on s'aperçut qu'on faisait très-peu de route vers la destination du navire. Le vent, favorable pour gagner les côtes de France, était presque contraire pour gagner les côtes d'Angleterre.

— Que faire? disaient les matelots; trois hommes ne suffisent pas pour les pompes; l'eau gagne, nous ne marchons pas. Nous sommes perdus!

Le second, qui ne se troublait pas facilement, envisagea la situation et en vit tout le danger; il parlait français, il se fit apporter les trois pêcheurs.

— Vous êtes marins, leur dit-il, vous comprenez ce qui se passe; le navire a une forte voie d'eau dans la cale; je ne puis mettre aux pompes que trois hommes, quatre au plus; l'eau gagne; avant une heure, le navire sera coulé, et nous ne marchons que faiblement, ayant presque le vent debout, comme vous le savez aussi bien que moi. Le navire, d'ailleurs, va mal au plus près; dans cette situation, nous sommes tous perdus! la mer est trop grosse pour mettre une chaloupe à la mer ; dans une heure, vous serez noyés avec nous. Il n'y a que les morts qui ne reviennent pas ! Vous êtes prisonniers, mais vous ne voulez sans doute pas mourir plus que nous ; je vais vous faire ôter vos liens, et vous allez travailler avec nous à la pompe et à la manœuvre pour le salut commun, pour la vie ! Vous me comprenez bien ?

— Très-bien, répondit Pierre ; laissez-nous jaser un moment entre nous.

— Je n'ai pas besoin de vous dire que le temps presse.

Pierre et ses compagnons se retirèrent à l'avant. Cinq minutes ne s'étaient pas écoulées qu'ils revinrent trouver le second, qui ne quittait pas la barre.

— Vous dites donc, l'Anglais, que vous êtes perdus si nous ne vous donnons pas un coup de main ?

— Je dis que nous sommes perdus, vous comme nous. Ainsi, il n'y a pas à réfléchir. Tom, coupez les liens des Français.

— Merci, Tom. Mais il va sans doute falloir nous ficeler de nouveau, car nous ne voulons pas travailler avec vous.

— La peur vous rend-elle insensés ? ou, ignorants que vous êtes, ne comprenez-vous pas l'imminence du danger?

—Nous savons comme vous que nous serons tous noyés avant une heure ; mais nous ne voulons pas qu'il soit dit que des marins français ont aidé les Anglais à les conduire prisonniers dans leurs ports ; on se gausserait de nous.

— Mais vous êtes perdus !

— Nous trouvons cela très-désagréable, mais pourtant ça l'est moins que pour vous : pour des prisonniers, la vie ne vaut pas ce qu'elle vaut pour des hommes libres. Nous sommes vexés, mais vous l'êtes plus que nous, nous ne travaillerons pas.

Les trois hommes qui n'étaient pas aux pompes pressaient le capitaine de mettre les Français à l'ouvrage. Ils furent surpris et consternés quand il leur dit en anglais que les Français refusaient positivement d'aider à sauver le navire.

Un des matelots proposa de les jeter à la mer. Le capitaine leur fit comprendre qu'alors toute chance de salut serait perdue, et leur ordonna d'aller relayer leurs trois compagnons à la pompe. Ceux-ci remontèrent épouvantés ; l'eau gagnait encore, et la marche du navire s'appesantissait.

— Mais, malheureux, disait le capitaine aux pêcheurs, vous voulez donc mourir ?

— Nous aimerions mieux ne pas mourir, mais nous aimons mieux mourir que d'avoir l'humiliation de nous conduire nous-mêmes prisonniers en Angleterre.

— Eh bien, vous serez libres, et, aussitôt arrivés, on vous fera rentrer en France.

— Ceci est déjà mieux dit. Nous allons, s'il vous plaît, en jaser un peu encore entre nous.

— Mais le temps presse, chaque instant nous approche de la mort !

— Nous le savons bien, dit Pierre, mais ça ne sera pas long.

En effet, quelques minutes s'étaient à peine écoulées, que Pierre revint près du second et lui dit froidement :

— Nous n'avons pas confiance.

— Alors, préparons-nous tous à la mort.

— Il le faut bien.

— Qu'est-ce qui pourrait vous donner confiance ?

— Nous conduirons, si vous voulez, le navire au Havre.

— En France ?

— Oui ; en cinq petites heures, l'affaire sera faite, tandis que vous ne seriez pas en quinze heures au plus rapproché de vos ports.

— Je le sais. Mais nous serions prisonniers.

— C'est comme ça que nous l'entendons.

— Vous êtes fous !

— Pas plus que vous ; mais nous sommes bien décidés : nous allons nous noyer tous ensemble, ou nous conduirons le navire au Havre.

Pierre s'assit sur le pont et se croisa les bras. Ses compagnons l'imitèrent.

On appelait de la cale ; l'eau gagnait toujours : le navire commençait à s'enfoncer. Un quatrième matelot descendit aux pompes.

Le second se leva, et à son tour, armant deux pistolets, dit à Pierre :

— Si tu ne travailles pas, je te brûle la cervelle.

— Tué ou noyé, ça revient au même ; j'en ai même connu qui disaient qu'ils aimaient mieux mourir d'un coup de feu.

Cette fois, ce fut le charpentier anglais, qui entendait le français, qui arrêta la colère du capitaine ; puis il alla dans la cale, parla vivement avec les matelots aux pompes, ensuite avec les deux restés sur le pont, et revint dire au second :

— L'eau paraît moins gagner, mais nos hommes se fatiguent ; il n'y en a que deux pour les relayer; la chose est claire, nous sommes perdus. L'équipage est d'avis de céder à ces chiens opiniâtres. Comme vous le disiez tout à l'heure, il n'y a que les morts qui ne reviennent pas. Nos pontons regorgent de prisonniers français, nous serons échangés.

— Jamais! reprit le second.

Le charpentier alla transmettre sa résolution aux matelots. Alors, tous abandonnèrent les pompes et montèrent sur le pont, entourant l'officier.

—Vous le voyez, dit le charpentier, ils refusent de s'exténuer plus longtemps pour retarder leur mort d'un quart d'heure. Nous allons vider ce tonneau de rhum et attendre que le navire coule.

L'officier creva d'un coup de pied la barrique de rhum, dont les douves disjointes laissèrent le rhum se répandre sur le pont.

La fureur des matelots s'exhala en imprécations.

—Mon capitaine, dit le charpentier, nous sommes de bons soldats, mais nous ne voulons pas nous noyer comme des chiens. — Holà, les Français! Allons au Havre!

—Si tu répètes ce mot, je te brûle la cervelle, hurla le capitaine en ajustant le charpentier.

On se précipita sur le capitaine; on le désarma.

—Êtes-vous décidés? demanda Pierre.

—Oui, certes, car nous coulons.

—Eh bien, ficelez-moi ce brave capitaine que j'estime, mais qui paraît décidé à nous gêner. Bien! maintenant placez-le dans un coin.

Le capitaine jurait, blasphémait ; néanmoins, on exécuta les ordres de Pierre.

—Je prends le commandement du navire, dit Pierre. Déposez là toutes vos armes.

—Pourquoi ?

—Ne causons pas, ou je m'assieds encore une fois, et nous nous noyons ensemble.

— Mais nous coulons !

— Obéissez donc !

On déposa toutes les armes auprès de Pierre. Lui et ses compagnons se munirent chacun d'un sabre et de deux pistolets et jetèrent le reste des armes à la mer.

—Maintenant, cria Pierre, qui s'était placé à la barre, tous les Anglais aux pompes !... et Césaire avec eux. Nous deux, attention à la manœuvre, et en route pour la France, et le Havre !

On obéit. L'eau avait cruellement gagné pendant ce débat, mais les Anglais retrouvèrent de la force dans l'espoir du salut prochain. D'ailleurs, avec Césaire, on se trouvait sept aux pompes, et le secours ne tarda pas à se montrer efficace.

Pierre commanda la manœuvre et fit changer les voiles pour virer de bord.

Bientôt le vent, qui se trouvait au plus près pour la route d'Angleterre, se trouvait presque arrière pour aller au Havre. Le navire, allégé graduellement par les pompes, s'élança avec rapidité, coupant les lames ou les franchissant.

—Antoine, dit Pierre, descends en bas, et cherche-moi partout des morceaux d'étoffe. Il s'agit de mettre le drapeau tricolore au-dessus du pavillon anglais ; ça sera plus convenable pour entrer au Havre.

Antoine chercha si bien, qu'il trouva les morceaux nécessaires en enfonçant les malles : un bel habit du capitaine tué forma le rouge du drapeau; le drapeau tricolore exécuté, on le hissa au-dessus du pavillon anglais.

Pendant ce temps, on faisait grande route, et on apercevait les falaises blanches de la grève. Les pompes avaient triomphé de l'invasion de l'eau. Les six Anglais pouvaient se diviser en deux parts et se relayer. Les trois Français restèrent seuls sur le pont armés jusqu'aux dents, promettant, foi de chrétiens, qu'ils brûleraient la cervelle au premier Anglais qui essayerait seulement de monter sur le pont.

Une heure après, la tempête étant presque apaisée, sous les regards d'une foule innombrable couvrant les jetées, les trois pêcheurs entrèrent dans le Havre aux cris de *Vive la France!* et mirent au quai leur prise, le navire anglais et leurs sept prisonniers. Le navire avait tant souffert, que la part que les pêcheurs retirèrent de sa vente fut peu de chose. Cependant, Pierre acheta la chaumière qu'il habite.

Tenez, le voilà qui, avec sa figure douce et simple et ses grands yeux bleus souriants, vient me demander du feu pour allumer sa pipe. Je suppose que vous serez heareux et fier, quand vous viendrez me voir, de lui serrer la main. Mais il ne faut pas tarder beaucoup : Pierre est vieux, et il y a longtemps déjà que ses deux compagnons sont morts.

II

Sainte-Adresse, 1852.

C'était au moment de la pleine lune, c'est-à-dire à une des époques où les marées sont les plus fortes, et où la mer monte davantage sur les grèves et descend plus loin en laissant une partie de son lit à découvert.

Le matin, je m'étais promené à pied sec là où en ce moment des navires voguaient à pleine voile. J'avais marché sur les prairies d'un vert sombre, sur les pelouses rouges formées de varechs et de fucus pourprés, herbes de la mer sur lesquelles à présent se jouent les poissons. J'y avais trouvé la moitié d'une bombe presque enfouie dans le sable. Quand cette bombe avait-elle éclaté? A deux époques différentes, des navires anglais ont jeté des bombes sur la ville du Havre et sur ses environs. Cette cruelle invention de l'art sauvage de la guerre présentait un spectacle assez singulier : deux huîtres y avaient établi leur domicile, et leurs coquilles adhéraient par une des vulves aux parois intérieures de la bombe rompue. Sarcasme de la nature sur ce que l'homme peut faire de plus terrible! Ces deux huîtres, emblèmes du repos, pierres un peu vivantes, ont profité de ce qui faisait tant de bruit en voulant faire tant de mal, pour se faire un logis commode. Ainsi passent nos haines comme nos amours, sans déranger en rien l'ordre immuable de la nature. Bizarre chose que la guerre, qui, au milieu de la civilisation la plus avancée, laisse subsister pour juges derniers et suprêmes des questions de l'humanité la force et le hasard.

C'est pour les grands guerriers que les hommes réservent leur plus sincère et leur plus générale admiration ; et cependant, sans parler du mal que reçoit de la guerre le peuple vaincu, le peuple vainqueur, celui qui a remporté tous les avantages de la guerre, celui qui a inscrit avec orgueil tous les détails dans ses annales, et qui fait des demi-dieux de ceux qui se sont offerts à eux-mêmes des hécatombes de victimes humaines, celui-là même a

vu les enfants arrachés à leurs familles et donnés
en pâture au canon pour la renommée d'un seul,
celui-là même a vu ses campagnes dévastées sous
les pas des chevaux, ses maisons incendiées par les
bombes, — et des hommes mutilés, des hommes
sans bras et sans jambes restent pour témoins de
ces actions si glorieuses. L'homme ne respecte en
réalité que ce qui lui fait du mal. — Les premiers
dieux dont il ait représenté la figure visible étaient
des bêtes terribles, des dragons fabuleux ou de
grands guerriers; *genuit timor deos*, c'est la crainte
qui a fait les dieux, dit un ancien. C'est une chose
singulière et absurde que de voir deux armées en
marche pour se détruire; de chaque côté, les soldats
ont bien moins à se plaindre du prince contre lequel ils marchent que de celui pour lequel ils vont
se battre : c'est le dernier qui, en effet, les enlève à
leurs foyers, à leurs familles, à leurs amitiés, à leurs
amours, et qui va jouer leur vie à un jeu de hasard.

La civilisation n'est donc qu'un mensonge et une
hypocrisie ; l'homme n'a changé que certaines de
ses manières, il est resté toujours, au fond, un animal cruel, destructeur, sanguinaire, et, si les hommes ne se mangent plus entre eux, c'est que la

viande d'homme est dure, coriace et de mauvais
goût ; de même que les gens les plus sérieux s'accordent de temps en temps quelques moments de relâche et de distraction, les hommes ont décidé qu'il
fallait garder un moyen permis, et que l'on réputerait honnête de ne pas être toujours emprisonné
dans les prétendus progrès de la civilisation, de
l'humanité, des lois, de la justice, et autres choses
gênantes. On a conservé les traditions de la guerre
qui permettent de temps en temps à l'homme de se
livrer à ses goûts dissimulés, mais non détruits, pour
la rapine, pour le meurtre, pour l'incendie, pour
le viol, en un mot, pour toutes les choses que les
lois répriment d'ordinaire, mais dont il paraît que
l'homme ne peut pas tout à fait se passer ; et l'on a
établi et fixé des cas dans lesquels tout cela deviendrait non-seulement permis, mais glorieux, et où
l'on pourrait se donner de l'injustice, de la cruauté
à cœur-joie, non-seulement sans exciter la haine,
le mépris et l'horreur des autres hommes, mais au
contraire en se conciliant, de la façon la plus certaine, leur estime et leur admiration.

C'est la seule manière d'expliquer que les hommes soi-disant civilisés n'aient pas encore établi entre eux des lois générales et respectées par tous, qui décideraient des intérêts des peuples, comme dans chaque pays elles décident des intérêts des particuliers, et qui rendraient la guerre quelque chose d'aussi impossible que c'est une chose aujourd'hui absurde, féroce, ridicule et honorée.

Comme je roulais ces choses dans ma tête à propos de la bombe que j'avais trouvée, un homme, que j'avais déjà rencontré le matin, au fond du lit de la mer, vint s'asseoir auprès de moi.

— Eh bien, me dit-il, la mer a repris possession de son domaine. C'est maintenant qu'il serait curieux d'être où nous étions ce matin, maintenant que les algues et les varechs ont retrouvé leurs habitants. On s'occupe beaucoup de la direction des ballons, ajouta-t-il ; si on réussit jamais dans ce problème, qu'en résultera-t-il ? qu'on passera au-dessus des routes, au lieu de passer sur les routes; qu'on ne verra que de loin les arbres, les prairies, les rivières, qui amusent les regards des voyageurs en voiture. Ce sera une exagération du voyage sur l'impériale, et voilà tout. On verra les mêmes choses, mais on les verra moins : c'est toute la différence. Il n'y a rien dans les plaines de l'air, rien de visible et de palpable du moins, qui puisse satisfaire ma curiosité. Mais parlez-moi de voyages au fond de la mer, là où les prairies sont couvertes de phoques et de vaches marines, là où les loups sont des requins, là où les cailloux sont vivants et se mangent sous le nom d'huîtres, de moules, de clavis, d'oursins ; là où les arbres sont de corail. — Sans compter les trésors enfouis par les naufrages.

A la bonne heure ! ce serait là la conquête d'un autre monde, bien plus autre que ne l'était l'Amérique pour les habitants de l'Asie, de l'Europe et de l'Afrique. Cela vaudrait la peine de se déranger ; car, pour voir toujours les mêmes choses, au gré de trois ou quatre mauvaises passions et vulgaires appétits toujours les mêmes, avec quelques petites variations dans le costume, je vous avoue que je ne sens pas la nécessité de quitter mon fauteuil et le coin de la cheminée. Aussi je ne voyage plus depuis longtemps.

—Vous avez donc beaucoup voyagé ? dis-je à mon voisin de coche dans le seul moment où il me permit de placer un mot.

—Beaucoup.

— Où êtes-vous allé ?

—Partout, et je voudrais aller ailleurs, pour changer ; voilà pourquoi je veux aller au fond de la mer.

— A votre place, je dirais : « Je voudrais, » et non : « Je veux. »

— Moi, je m'y promènerai la semaine prochaine.

Je regardai attentivement mon homme, il n'avait rien d'égaré dans les yeux. Il continua :

— Vous ne savez donc pas que le problème est résolu ? — Il y a un bateau sous-marin qui fonctionne depuis plus d'un an ; — un bateau qui vous descend dans les profondeurs de la mer, et, là, vous tient non pas entre deux eaux, mais les pieds sur le sol de la mer, comme nous étions ce matin. mais avec de l'eau par-dessus et à de bien plus grandes profondeurs.

— Comment respire-t-on ?

— De la façon la plus vulgaire; on respire de l'air comme nous le faisons dans ce moment. L'inventeur du bateau sous-marin en fait. Il a renoncé au procédé ébauché des premiers essais de cloches à plongeur, qui consistait à conduire avarement un peu d'air au fond de la mer par des tuyaux montant à la surface de l'eau. Vous êtes dans le bateau de M. Payerne absolument dans une chambre pleine d'air respirable, comme vous êtes dans votre chambre quand les fenêtres sont fermées. Seulement, comme on n'a pas, au fond de la mer, la ressource de renouveler l'air en ouvrant les fenêtres, on fait de l'air. Dans les voyages ordinaires sur la mer, on emporte de l'eau douce, et on est fort exposé à en manquer; au fond de la mer, on est plus prudent, on ne se contente pas de l'air qu'on emporte, on en fait pour les besoins de la consommation, comme on fait du pain.

» J'ai déjà obtenu de M. Payerne la permission de descendre au fond de la mer dans son bateau, et je vais aller le rejoindre après-demain à Cherbourg, où j'espère obtenir la même permission. Mais ce n'est pas mon seul but. — M. Payerne est un simple savant qui s'est associé un autre savant; ça n'entend rien aux affaires; ils s'amusent à faire des choses utiles, à creuser des ports, à détacher des rochers qui présentent des dangers à la navigation; ils se proposent aussi de se livrer à la pêche des perles et à la pêche du corail, au sauvetage des cargaisons perdues, etc. Mais, moi, si je pouvais m'entendre avec eux, je tirerais un tout autre parti de l'invention. Notez que leur bateau va sur l'eau et marche au fond de l'eau.. Vous n'avez pas l'air de quelqu'un qui s'occupe d'affaires et qui pourrait me voler mes idées, je puis vous en dire quelques-unes ; vous écrivez, m'a-t-on dit ; quand vous voulez travailler, vous vous enfermez dans votre cabinet, vous choisissez les heures de la nuit ou du matin pour être moins dérangé par les bruits de la maison et par ceux du dehors ; mais vous ne pouvez les éviter qu'en partie. Ne vous serait-il pas commode et avantageux de vous retirer au fond de la mer pour travailler tranquillement ? Croyez-vous qu'un poëme, un livre d'histoire, une tragédie, un ouvrage philosophique, ne gagneraient pas beaucoup à être composés dans cette solitude si profonde que l'on est hors du monde et hors de la vie ?

» Que diriez-vous d'un hôtel garni au fond de la mer ?

» Mais c'est loin d'être tout ; beaucoup d'hommes, désabusés ou touchés de la grâce, ont renoncé au monde et sont allés cacher le reste de leur vie dans la retraite et la solitude ; mais qu'est-ce la retraite des chartreux, qu'est-ce que celle des trappistes, en comparaison de ce que serait celle que l'on trouverait dans une petite Thébaïde sous-marine, au-dessus de laquelle rugiraient les tempêtes de la mer comme les orages de la vie ? Voilà ce qui pourrait s'appeler se retirer du monde ! à la bonne heure !

» Un homme fatigué des hommes se retire à la campagne ; là, il retrouve les mêmes vices, les mêmes appétits, les mêmes passions qui l'avaient tant choqué dans le monde ; seulement, vices, appétits et passions ne sont pas dissimulés et déguisés par la politesse et l'urbanité : on les voit dans toute leur grossièreté ; ils ont pour objet et pour but de plus petites et de plus misérables choses.

» Si vous avez eu votre cœur déchiré par l'infidélité, la trahison, par l'ingratitude, — emportez vos amis reliés, vos livres au fond de la mer, — vous n'entendrez plus parler des hommes, vous ne vivrez plus qu'avec les morts choisis que vous aurez emportés.

» Quel est l'homme qui, au moins une fois dans sa vie, étant amoureux, n'a pas songé à s'enfuir avec l'objet de sa passion dans un désert où ils ne vivraient plus que l'un pour l'autre ? Mais il y a fort mauvaise compagnie dans les quelques déserts qui existent encore : on y est volé et assassiné. On pense aussi à l'île de Robinson, mais on est arrêté par le souvenir des pas imprimés sur le sable et des festins des cannibales. C'est ce sentiment qui porte deux amants à vouloir vivre exclusivement l'un pour l'autre, qui a fait imaginer aux nouveaux époux de s'enfuir à la campagne au moins pendant quelques jours. C'est la fin de la poésie de la vie, ensuite on entre dans la prose du mariage.

» Il faut cacher son bonheur : on vous pardonnera d'être méchant, avare, injuste, mais on ne vous pardonnera pas d'être heureux. Que vous semble d'une lune de miel passée au fond de la mer? Deux époux, deux amants allant vivre l'un à l'autre, l'un pour l'autre, à trois cents pieds au-dessous du niveau de la mer, c'est-à-dire hors du monde habité et habitable, cela, je crois, serait un peu mieux que de s'en aller, comme on fait, se réfugier dans les auberges, dans des chambres mal fermées, où entrent tous les bruits du dehors avec l'odeur de la cuisine.

» Il y aurait, des bateaux sous-marins, mille autres

emplois auxquels ces savants ne songeront seulement pas.

» On pourrait établir ainsi un assez curieux système de prison cellulaire qui laisserait loin derrière lui les plombs de Venise et la Bastille. On descendrait le condamné au fond de la mer pour un an, pour dix ans, selon le cas, et on le repêcherait à l'expiration de sa peine. Un mari obligé de faire un voyage de quelque durée, se livre aux imaginations les plus désobligeantes. Les romans, les opéras-comiques et la vie, plus invraisemblable cent fois que les opéras-comiques et les romans, nous ont appris que les verrous, les duègnes, les eunuques, les grilles et tout l'arsenal de la jalousie, ne sont que jeux pour l'amour, et que ça ne présente pas plus de garanties que les principes, le devoir, les serments, etc.

» Je voudrais savoir comment un amoureux pourrait parvenir à échauffer des rayons de sa flamme adultère le cœur d'une beauté que son époux prudent, avant de se mettre en route, aurait préalablement pris soin de serrer dans un petit logis que je lui louerais dans un coin de l'Océan, au plus fin fond de la mer. Almaviva et Figaro y perdraient leur français, tout spirituel qu'il est; la voix grêle de la guitare n'y saurait parvenir, et Bartholo n'aurait pas besoin de compter les feuilles de papier laissées à Rosine ; les poissons ne se chargeraient pas de porter ses lettres.

» Voilà, monsieur, une partie de ce que je veux faire, si je parviens à m'entendre avec ces deux savants que je vais rejoindre à Cherbourg, où ils sont occupés à détacher quelques rochers qui rendent, m'a-t-on dit, parfois l'entrée du port assez dangereuse pour les navires qui tirent beaucoup d'eau.

» Il ne s'agira plus ensuite que de trouver des actionnaires pour monter l'entreprise en grand.

» On est fort singulier en France, on demande du nouveau, on en exige. — Quand les Français s'ennuient, ils se livrent à des désordres inouïs, ils sont capables de tout, même de choses qui pourraient faire croire qu'ils ne sont capables de rien. Eh bien, en même temps qu'ils demandent si instamment du nouveau, ils ont un peu peur du vrai nouveau ; — le nouveau qui leur plaît, c'est du vieux — retapé, ressemelé, retourné. — Voilà du nouveau cette fois : on leur livre le fond de la mer.

c'est-à-dire les deux tiers du globe, et personne ne s'en occupe, personne n'en sait rien !

» M. Payerne a été bien longtemps avant de pouvoir faire la première épreuve de son bateau sous-marin. — On lui soutenait que cela ne se pouvait pas : « Mais, moi, disait-il, je ne vous dis pas que cela se peut, je vous soutiens que cela est. »

» Enfin, il avait offert une preuve un peu plus forte de la sécurité de son invention. Il avait offert de descendre au fond de la mer dans un endroit qu'on lui désignerait, et d'y rester un an. Au bout d'un an, il serait remonté à la surface.

« Ceux qui sont capables d'inventer sont rares, dit Pascal ; ceux qui n'inventent pas sont en plus grand nombre, et par conséquent les plus forts ; et l'on voit que, pour l'ordinaire, ils refusent aux inventeurs la gloire qu'ils méritent. »

» Un inventeur est un homme qui sur un trottoir marche seul à l'inverse de la foule.

» Quand un inventeur, comme un grand poëte, est mort, on s'empresse de le louer, parce qu'on a hérité ; on dit : « Nous autres Français, nous avons fait cela. » De même qu'un bourgeois jouant aux dominos devant un bon feu dit : « Nous avons battu les Anglais à tel endroit et les Autrichiens à tel autre.

» Pour moi, continue mon homme, j'ai les coudes solides et je saurais bien remonter le courant de la foule. — Si je peux m'arranger avec ces messieurs et trouver des actionnaires, — je veux que, dans dix ans, non-seulement les établissements dont je vous ai parlé existent et se soient considérablement multipliés, mais encore qu'il soit du meilleur genre d'avoir sinon une maison de campagne, du moins une petite maison au fond de la mer.

» Les chemins de fer sont dans l'enfance ; la vapeur de l'eau est un moteur grossier ; on va tout à l'heure avoir l'électricité pour moteur ; on arrivera de tous les points de la France à la mer en quelques minutes. Quoi de plus simple pour les Fronsac d'aujourd'hui que d'avoir leur petite maison au fond de la mer? — cela compromettrait beaucoup moins les femmes ; — il est vrai que beaucoup ont bien plus de plaisir à compromettre les femmes qu'à être aimés d'elles, et que beaucoup de femmes tiennent à être compromises, qu'elles veulent qu'on sache leurs folies et qu'elles ont l'air parfois de faire des extravagances par respect humain. Mais — qui sait? — cela pourrait remettre le mystère à la mode.

» Adieu, monsieur, me dit-il en se levant ; vous me croyez un peu fou, je le vois à votre air effaré ; mais vous ne tarderez pas à entendre parler de moi et de mes projets.

Je restai en effet un peu effaré et ébahi, et je me demandais, en réalité, si ce spéculateur était un peu fou ou si j'étais un peu niais, car il n'y a pas tant de fous, et il y a bien plus de sots qu'on ne croit ; mon résumé fut celui-ci : — Le plus fort est fait, on respire, on vit, on marche, on travaille au fond de la mer exactement comme on le peut faire dans une chambre quelconque ; et, moi-même, j'ai reçu de l'associé de l'inventeur — qui est lui-même un homme fort savant et fort distingué — une invitation à un déjeuner d'huîtres au fond de la mer ; — nous prendrons nous-mêmes les huîtres sur leur banc.

Une autre chose très-vraie que me disait mon voisin de roche de tout à l'heure, c'est que voilà, je crois, deux ans que ce bateau plongeur exécute des travaux publics, qu'il va et vient au fond de la mer, avec une douzaine d'hommes qui ne remontent à la surface que parce que leur journée est finie. — Eh bien, cela est loin d'occuper dans l'attention publique le même rang qu'une nouvelle chanteuse débutant à l'Opéra ou un nouveau gâteau inventé par un pâtissier.

V

UNE LÉGENDE NORMANDE

Un matin du mois de juillet, lors de la pleine lune, c'était, comme on dit, *grande mer*, c'est-à-dire que la mer, à chaque marée, montait et descendait plus que de coutume. Il était trois heures du matin; le jour ne faisait que de poindre; il n'y avait, au levant qu'une légère bande d'un jaune pâle, et déjà, au couchant, les nuées reflétaient les premiers rayons du soleil, qui ne paraissait pas encore; se colorant, les nuées claires, de rose, les nuées sombres, de lilas.

Romain et Geneviève se rencontrèrent sous la falaise d'Antifer, car la mer alors laissait le galet à découvert. Geneviève portait un filet à salicoques, à peu près semblable à ceux avec lesquels les enfants poursuivent les papillons dans les luzernes fleuries. Romain n'était venu là que pour rencontrer Geneviève.

— Ma pauvre Geneviève, dit Romain, le malheur s'acharne après moi. Je m'attends à voir un de ces jours les marins me fuir comme un chien fou, et refuser même, quelque matin, de boire le genièvre avec moi. Voilà deux ans que je vais à la pêche du hareng, et deux ans que le bateau sur lequel je suis ne prend pas de quoi réparer les avaries des filets. Au lieu de gagner de l'argent pour nous marier, je m'endette et gâte mes affaires. J'ai résolu de risquer quelque chose. On arme à Fécamp un bateau pour le banc de Terre-Neuve : ces voyages sont longs et chanceux ; mais il y a un bateau qui rapporte onze ou douze cents francs à l'homme : nous serions riches tout d'un coup.

— Romain, reprit Geneviève, il n'y a guère d'années où il ne se perde quelques bâtiments en revenant du banc ; songe aux mortelles transes dans lesquelles je passerais le temps du voyage ; songe que je mourrais de chagrin si je ne devais plus te revoir. Si le malheur te poursuit, ne le brave pas; nous n'avons pas besoin d'être riches : les plus durs travaux ne me feront pas peur si je les partage avec toi ; je sais faire et raccommoder les seines ; je ne reculerai devant aucune fatigue.

— Non, dit Romain, j'aime à te voir brave et bien vêtue ; je ne pourrais te voir exténuée par un travail au-dessus de tes forces. Il faut courir encore une chance : j'irai au banc ; tu prieras pour moi, et le bon Dieu nous protégera tous deux. Ne cherche pas à me décourager ; ma résolution est invariablement prise : je partirai.

Geneviève savait que Romain ne revenait guère sur une résolution arrêtée; elle leva les yeux au ciel, lui serra la main, et tous deux reprirent le chemin d'Étretat.

Geneviève ne disait rien, mais elle était triste. Romain lui dit :

— Je ne partirai pas seul, Samuel Aubry vient avec moi.

Quelques jours après, Romain, revenant de Fécamp, dit à Geneviève :

— Je pars dans une semaine, le bateau est *paré*.

Samuel Aubry alla par hasard le soir fumer une pipe avec le père de Geneviève.

— Eh bien, Samuel Aubry, lui dit Geneviève, vous partez donc dans une semaine? — Non pas moi, répondit-il. — N'allez-vous donc pas au banc avec Romain? reprit-elle. — Je ne suis pas si fou, dit Samuel Aubry.

Il s'aperçut alors qu'il en avait trop dit, car il avait promis à Romain de ne pas rapporter ce qu'on leur avait appris à Fécamp; mais Geneviève insista de telle sorte, qu'il lui avoua ce qui lui était arrivé.

— Je ne comprenais pas trop, dit-il, pourquoi l'on cherchait des marins pour l'équipage du *Triton*, à Yport, à Étretat et partout, quand Fécamp, Dieu merci, ne manque pas de bons et solides matelots. Lorsque nous sommes allés, avec Romain, pour signer notre engagement, nous avons tout découvert : c'est qu'aucun marin de Fécamp ne veut monter *le Triton*, et ils ont si bien raison, que, m'offrît-on trois parts et un lot de filets, je n'y laisserais pas voyager même mon paletot. — Qu'est-ce donc? dit Geneviève. — Peu de chose, reprit Samuel Aubry; seulement, je ne parierais pas une mesure de harengs gais pour la vie de ceux qui partiront. Quand on a lancé le bateau dans le bassin, la proue s'est tournée du côté d'Yport, et le bâtiment a présenté la poupe à la chapelle de la Vierge. Vous pensez bien aussi que tous les engagements contractés à l'avance se sont trouvés rompus par ce fait, et qu'il a fallu que les armateurs se donnassent un peu de peine pour armer le bateau. — Romain a-t-il donc signé? demanda Geneviève toute pâle. — Romain a signé, répondit Samuel Aubry. Vous savez comme moi que c'est un opiniâtre, et qu'on ne peut lui ôter ce qu'il a dans la tête.

Quels que fussent, en effet, les conseils des amis de Romain et les supplications de Geneviève, Romain persista dans son dessein. La veille de son départ, Geneviève et ses amis l'accompagnèrent jusqu'à Fécamp. Après la messe, on descendit vers la mer, le curé en tête, pour bénir le bâtiment. Arrivés au rivage, hommes et femmes entonnèrent à haute voix le cantique des marins, si connu sur toute la côte de Normandie, et dont retentissent depuis si longtemps les églises gothiques, aux grandes fêtes :

> Vierge sainte, exaucez-nous!
> Notre espoir est tout en vous;
> Chère dame de la garde,

Très-digne mère de Dieu,
Soyez notre sauvegarde,
Pour nous défendre en tout lieu.

Si vous daignez nous garder,
Nous pourrons tout hasarder ;
Quelque effort que le Turc fasse,
Nous nous moquerons de lui
En abattant son audace
Par votre invincible appui.

Qu'aucun écumeur de mer
Ne puisse nous alarmer !
Que nos vaisseaux, nos galères
Et tout autre bâtiment
Puissent, malgré les corsaires,
Naviguer heureusement !

Soutenez de votre bras
Et nos vergues et nos mâts ;
Fortifiez le cordage,
Les câbles et les haubans,
Pour faire tête à l'orage
Parmi la fureur des vents.

Conservez-nous l'artimon,
La boussole et le timon.
Lorsque nous courons fortune,
Au gré des vents et des flots,
Tendez la main, blanche lune,
Au besoin de vos dévots.

Claire étoile de la mer,
Montrez-vous dans le danger ;
Dans la nuit la plus obscure,

Servez de phare et de nord
A ceux qui, sous votre augure,
Espèrent de prendre port.

Conservez à tous moments
Tous nos pauvres bâtiments;
Faites que pas un n'échoue,
Quand les écueils et les flots
Font trembler de poupe en proue
Les chefs et les matelots.

Conservez-nous la santé,
La vie et la liberté;
Soyez notre ancre maîtresse,
Si l'ancre vient à chasser,
Et donnez-nous quelque adresse
Qui puisse nous préserver.

Suppliez votre cher Fils
Qu'il bénisse nos profits;
Ajoutez au bon passage
Un heureux et prompt retour,
Et nous vous rendrons hommage
Avec sentiment d'amour.

Puis tout le monde se mit à genoux, et le prêtre dit au bâtiment : *Sois béni, toi et tous ceux que tu portes !* puis il fit le signe de la croix et jeta de l'eau bénite sur le pont, dans la cale et sur les cordages.

. . . .

Six mois après tous les navires rentrèrent, à l'exception du *Triton*.

Un bruit sourd se répandit que *le Triton* s'était perdu avant d'arriver au banc, car aucun autre bâtiment ne l'avait rencontré.

Un navire apporta au Havre une bouteille cachetée qu'il avait trouvée flottant sur la mer; elle contenait ces mots :

« L'équipage du *Triton*, réduit à sept hommes, sans espoir de secours, démâté, avec deux voies d'eau, se recommande aux prières des chrétiens.

» Jean MEHOM, Pierre MEHOM, André MARTIN, Onésime ROMAIN, Nicolas MOREAU Jean MOREAU, Jérôme TOUSSAINT. »

On dit alors des messes pour le repos de l'âme des pauvres matelots trépassés. En effet, le sinistre avait eu lieu, comme la date l'annonçait, avant l'arrivée au banc.

C'est une mort terrible que celle du marin : ce n'est plus cette mort à laquelle on s'essaye toute la vie par le sommeil de chaque jour, ce n'est plus cette mort qui consiste à s'endormir une fois de plus sur l'oreiller où l'on s'endormait depuis cinquante ans. C'est une mort mêlée de rage, de lutte, de désespoir, de blasphème; on n'est pas préparé par l'affaiblissement successif des organes; on n'arrive pas à la mort par des transitions imperceptibles ; ce n'est pas un dernier fil qui se brise, ce sont tous les liens qu'il faut rompre à la fois : on meurt au milieu de la force, de la santé, de la vie.

Un soir, il faisait un triste temps, le vent soufflait du sud-ouest, la mer montait, les lames venaient du large et s'avançaient jusque dans les rues d'Étretat. On entendait au loin rouler le galet comme un bruit de chaînes ; à l'horizon, la mer s'enflait et paraissait aussi haute que les falaises.

Tous les pêcheurs étaient rentrés de bonne heure et avaient hissé, à force de bras et de cabestans, leurs bateaux jusqu'au delà des premières maisons.

Geneviève pleurait, car, depuis la perte de Romain, elle n'avait pas eu un moment de joie, et la tempête lui représentait, sous les plus sombres couleurs, la cruelle fin de son amant.

— Je plains en ce moment, dit Samuel Aubry, ceux qui se sont mis à la mer sans obéir aux pressentiments que le ciel ne manque jamais de donner aux chrétiens. Si mon pauvre cousin Onésime avait voulu m'écouter, il serait, à l'heure qu'il est tranquillement assis près du feu avec nous, et j'aurais le plaisir de choquer mon verre contre le sien.

— Pauvre Romain! dit Geneviève. — Samuel Aubry, dit le père de Geneviève, ne vois-tu pas que Geneviève étouffe de chagrin, et que les souvenirs que tu lui rappelles en sont cause? — Vous avez raison, maître Jean, dit Samuel Aubry; aussi vais-je boire ce verre de cidre à la mémoire de mon pauvre cousin Romain et n'en plus parler.

En ce moment, un coup de vent ébranla la maison; tout le monde se rapprocha du foyer; un coup retentit sur la porte.

— C'est le vent, dit maître Jean. — C'est le vent, dit Samuel Aubry. — C'est le vent, dit la mère de Geneviève.

Geneviève ouvrit la porte et s'écria :

— C'est Romain!

Elle tomba sur le carreau.

C'était en effet Romain, recueilli seul de son équipage par un bâtiment chargé pour une lointaine destination : il arrivait d'Amérique.

. . . .

Depuis le retour de Romain, ses affaires avaient pris une meilleure tournure; il avait établi un parc sur la plage. Ce sont des perches plantées circulairement dans le roc; sur ces perches on tend des filets : à la marée haute, la mer couvre la plage et cache les perches; mais, en se retirant, elle laisse dans les filets des poissons de toute sorte, qu'on va ramasser à la marée basse.

Le parc de Romain lui avait rapporté assez d'argent, et l'on allait publier ses bans avec Geneviève, quand arriva l'époque de la conscription.

Plusieurs jeunes gens du bourg furent désignés, et entre autres Samuel Aubry et Onésime Romain.

Les deux cousins furent également désespérés; Romain surtout se voyait enlever à un bonheur qu'il allait atteindre après tant de traverses et de chagrins. Il fut écrasé et anéanti.

— Encore, dit-il, si l'on nous menait sur la mer : c'est une vie, ce sont des dangers auxquels nous sommes habitués; mais faire de nous des soldats, nous faire manœuvrer avec de lourds fusils, avec des habits serrés et incommodes; nous entasser dans des casernes malsaines, nous, accoutumés à vivre dans le vent : c'est pour nous faire mourir. Et puis quitter Geneviève! Geneviève que j'ai eu le bonheur de revoir après un naufrage auquel j'ai échap-

pé seul de tout un équipage! Quitter Geneviève!...
Et, si je reviens, revenir avec une jambe ou un bras
de moins, et une balafre sur le visage! Me battre
pour des querelles dont j'ignore la cause, et dont
les résultats seront pour d'autres!

Samuel Aubry formulait ses plaintes à peu près
de la même manière; seulement, la conclusion pour
tous deux était différente.

— C'est bien triste d'être soldat, disait Samuel
Aubry.

— Je ne serai pas soldat, disait Onésime Romain.

A cette époque, c'était sous l'Empire, on ne laissait pas vieillir les jeunes soldats dans leurs foyers.
On ne tarda pas à envoyer l'ordre de rejoindre le
corps auquel chacun était attaché.

Romain était le plus triste de tous, et cependant
seul il ne pleurait pas. Pendant que tout le monde
était allé à la mairie prendre chacun sa feuille
de route, Romain était allé attendre la nuit chez
Geneviève. Au crépuscule, il gagna la falaise par des
détours, descendit par une avalure taillée à pic
dans la falaise, puis attendit dans une grotte que
la mer fût tout à fait basse. Quand elle fut basse, il

put passser au pied d'une partie de falaise qui s'avançait dans la mer; puis on n'entendit plus parler de lui.

Pour Samuel Aubry, il fut soldat comme tout le monde : on le mit dans la cavalerie. Longtemps il ne pouvait s'empêcher de se retenir au pommeau de sa selle, à la crinière ou aux oreilles du cheval; puis il prit un peu d'aplomb. D'abord le bruit du canon le frappa de torpeur; s'il avait été seul, il se serait affaissé à la place où il était, sans avancer ni reculer; mais son cheval suivait les autres, et les autres le poussaient. Puis l'odeur de la poudre et le bruit le grisèrent; il tira son coup de mousqueton au hasard et en fermant les yeux.

Il finit par s'accoutumer à tout cela, et son colonel le prit pour son domestique; il pansait trois chevaux, cirait les bottes, astiquait le fourniment, et était exempt de service; de plus, il ne sortait pas sans avoir la poche garnie... Laissons-le cueillir des lauriers.

Un soir, des marins en revenant de la pêche aperçurent une flamme qui sortait de la falaise, à peu près à une distance du sol de deux cents pieds. La flamme s'éteignit avant qu'ils eussent atteint la plage, et il leur fut impossible de reconnaître de quel endroit elle partait. Mais ils parlèrent de ce qu'ils avaient vu; d'autres pêcheurs se rappelèrent avoir vu la même chose : on en causa ; les douaniers pensèrent que ce devait être un signal pour les contrebandiers ; ils profitèrent du premier quartier de la lune, époque où il y a une marée basse vers dix heures du soir, pour observer sous les falaises.

Plusieurs nuits se passèrent en observations infructueuses.

Un matin, on vit un homme sortir avec de grandes précautions de la maison de Geneviève, puis courir et disparaître par l'avalure qui conduisait sous la falaise d'amont.

On surveilla la maison de Geneviève, et plusieurs fois on en vit sortir le même homme ; un jour, on reconnut que cet homme était Onésime Romain. On sut bientôt que c'était également lui qui allumait du feu dans la falaise, où il s'était réfugié dans une grotte depuis le départ des jeunes soldats ; on envoya un exprès au sous-préfet pour savoir quelle conduite on devait tenir à son égard.

Romain, averti par Geneviève, passa trois nuits

à entasser des vivres dans sa caverne, puis à rompre le chemin presque impossible qui lui avait permis de monter jusque-là. Le jour où arriva l'ordre de s'emparer de Romain, il s'enferma dans sa retraite et n'en sortit plus. La nuit, Geneviève, au moyen d'une corde, allait lui descendre d'en haut de la falaise du pain et de l'eau. Mais on ne tarda pas à surveiller la pauvre fille de si près, qu'elle fut obligée de cesser ses voyages nocturnes.

On fit avec des porte-voix plusieurs sommations à Romain de descendre : il répondit qu'il ne voulait pas être soldat. On lui dit que, s'il ne voulait pas descendre, on le prendrait et on le fusillerait : il répliqua qu'il aimait mieux mourir que d'être soldat. On tenta l'escalade, mais il n'y avait pas moyen d'arriver avec des échelles à une hauteur de deux cents pieds ; quelques soldats tentèrent de descendre avec des cordes du haut de la falaise, mais Romain secouait les cordes et les exposait à se rompre les os. On fit avec la hache quelques degrés dans la falaise pour la pouvoir gravir ; mais Romain faisait tomber sur les travailleurs une grêle de pierres qui les décourageait. On en référa encore au sous-préfet, qui répondit qu'il fallait, pour éviter qu'un si dangereux exemple eût des imitateurs, s'emparer de Romain mort ou vif, à quelque prix que ce fût. On fit encore des sommations à Romain, puis on lui tira des coups de fusil. Romain, à chaque décharge, s'enfonçait dans sa caverne, puis ripostait par des pierres et des morceaux de roche. Il soutint ce siége pendant quatre jours.

Au bout de quatre jours, il manquait tout à fait d'eau ; son palais et sa gorge étaient desséchés ; une fièvre ardente l'épuisait ; il songea qu'il fallait profiter de ce qui lui restait encore de forces pour arriver aux moyens de s'échapper ; que, s'il attendait encore un jour, il mourrait de faim et de soif, ou que la vigueur lui manquerait. On était à la pleine lune ; la mer, basse vers quatre heures, était à sa plus grande hauteur à dix heures ; il passa tout le jour à amasser des pierres.

Il faut ici que je vous fasse bien comprendre la falaise.

En cet endroit, elle s'élève à trois cents pieds de haut, c'est-à-dire à la hauteur de quatre des plus hautes maisons de Paris superposées, droite et lisse comme un mur. Une roche, haute à peu près de cent pieds, appuyée sur la falaise, s'avance de dix à douze pieds vers la mer. Quand Romain jetait des pierres, les soldats se réfugiaient derrière cette roche.

Quand la mer commença à monter, Romain ne leur permit plus de séjourner en dessous de sa caverne ; ceux qui s'y exposaient recevaient d'énormes pierres. Bientôt les lames vinrent frapper jusque sur la roche. Romain alors épuisa le reste de son artillerie. On lui riposta par quelques coups de fusil, mais l'obscurité dégoûta bientôt les soldats de tirer au hasard ; ils se réfugièrent derrière la roche. La mer alors était arrivée à sa plus grande hauteur, c'est-à-dire qu'elle battait la roche et rendait le passage impossible. Romain alors descendit, s'aidant des pieds et des mains, profitant de la moindre pointe et de la plus petite anfractuosité, suspendu à deux cents pieds d'élévation au-dessus des pointes de rocher, marchant où les oiseaux seuls avaient pu marcher avant lui. Les soldats l'aperçurent ; mais la mer, qui venait jusqu'à la roche, ne leur laissait aucun moyen d'aller l'attendre au-dessous de sa caverne ; ils lui tirèrent des coups de fusil ; Romain, avec un incroyable sang-froid, continua son chemin. Après quelques minutes, il disparut pour eux derrière la roche qui seule les séparait. Les soldats, éloignés de lui seulement de quelques pieds, ne le virent plus.

A peu près à la même heure, on vit dans l'ombre un homme se glisser dans la maison de Geneviève, puis en sortir presque aussitôt. Le lendemain, on trouva sur le galet la blouse et les sabots de Romain, que la mer avait rapportés. Depuis ce temps, on ne le vit plus. Quelques perquisitions que l'on fit dans le pays, on ne put le découvrir.

Hauts faits en tout genre de Samuel Aubry.

Nous avons vu plus haut que Samuel Aubry, exempt de service et la poche garnie, menait une vie joyeuse; outre les lauriers, il cueillait aussi des myrtes.

Dans les villes de garnison, une foule de femmes abandonnaient leurs enfants et leurs maris, beaux, probes, estimés; leurs maris, qui travaillaient durement pour leurs besoins et leurs caprices, elle les abandonnaient avec empressement pour l'amour d'un soldat médiocrement bâti, n'ayant de propre que ce qui est exposé à la vue du sergent ou du maréchal des logis, parfumé d'eau-de-vie et de mauvais tabac; car les femmes, en général, aiment à justifier ce lieu commun mythologique de la tendresse de Vénus pour le dieu des combats.

Un jour, l'escadron de Samuel Aubry reçut l'ordre de charger sur un bataillon carré; mais, selon l'usage, ils devaient faire un demi-tour à gauche dès qu'ils seraient à portée de fusil. L'officier qui commandait l'escadron avait un cheval rétif et emporté; il s'enivra du bruit des trompettes et de l'odeur de la poudre, se lança le nez au vent, et son cavalier ne put réussir à lui faire faire le demi-tour à gauche. Les autres chevaux suivirent le premier. Samuel, se croyant mort ou au moins dangereusement blessé, embrassa le cou de son cheval et s'abandonna au hasard. Le bataillon fut enfoncé. Trois croix d'honneur furent données à l'escadron. Samuel en eut une.

. . . .

Cependant, Geneviève fuyait toute société. Elle produisit un écrit de Romain par lequel il lui donnait ses seines, ses appelets et tous ses filets. Geneviève les mettait sur les bateaux pêcheurs lors de leur départ, et, à leur retour, elle avait droit à un ou deux lots, selon qu'elle avait confié à tel ou tel bateau plus ou moins de filets.

Elle fit réparer sa petite maison ; elle acheta une vache et eut une domestique. Tous les garçons la courtisaient et la voulaient épouser. Mais elle répondait sérieusement qu'elle ne se marierait pas. Il n'était bruit que de sa sagesse ; même à la fontaine, où se contaient toutes les histoires du pays, on ne lui prêtait aucune intrigue. Cependant, on finit par voir que Geneviève était enceinte. Elle accoucha, et ne trouva qu'à grand'peine un parrain et une marraine pour son enfant, qui fut baptisé sous le nom d'Onésime, fils de Geneviève, père inconnu... Le père de Geneviève lui-même ne voulut plus la voir. Néanmoins, Geneviève ne se désespérait pas.

Arriva 1814. Le corps d'armée où servait Samuel Aubry fut licencié, Samuel Aubry revint dans ses foyers avec deux ou trois camarades, seuls survivants d'une douzaine qu'ils étaient partis d'Étretat. Leur retour fit la plus vive sensation. Samuel surtout, chevalier de la Légion d'honneur, fut incroyablement fêté. Tous les honneurs furent pour lui. Son morceau de pain bénit à l'église n'était pas beaucoup moins gros que celui du dépositaire de l'autorité municipale.

Une amnistie fut proclamée dans le même temps pour les déserteurs et pour les réfractaires. Un matin, Onésime Romain conduisit Geneviève à la messe et lui donna son nom. Onésime était bien changé, il avait tant souffert pendant quatre ans !

Cependant, le bonheur ne tarda pas à rétablir sa santé ; il travailla avec courage et succès.

Quand on sut que Romain était le père de l'enfant de Geneviève, et que, s'il ne l'avait pas épousée plus tôt, c'est qu'il ne pouvait se montrer sans s'exposer à être pris et fusillé, personne n'eut plus rien à dire sur la vertu de madame Romain.

. . . .

Samuel Aubry vivait de sa croix et d'une petite ferme que lui avait laissée son père.

Romain et Geneviève vivaient de leur travail.

Comme le savent tous les pêcheurs, la pêche du hareng manque tous les ans depuis la déchéance de l'empereur Napoléon ; ce n'est maintenant que par petites colonnes qu'ils passent sur nos côtes. Les vieux pêcheurs normands racontent avec enthousiasme que, sous le règne de Napoléon, on ne se donnait pas toujours la peine de tendre les appelets ; qu'on prenait les harengs avec des seaux; que les *mauves flamandes*, grandes mauves blanches aux ailes noires, qui suivent les bancs de harengs étaient si nombreuses, qu'elles venaient prendre les harengs jusque sur les bateaux, et que, pour les écarter, on était forcé de les abattre à coups de bâton. « Ah ! ajoutent-ils, quand nous revenions le matin au soleil levant, nos paletots étaient couverts d'écailles de hareng, véritables *pièces de dix sous*. Aujourd'hui, les *kiens* (chiens de mer) nous mangent les harengs et les seines. » Il est impossible de leur faire admettre à ce changement de route des harengs d'autre raison que l'exil de l'empereur. Il n'y a rien d'égal à leur vénération pour sa mémoire, si ce n'est leur haine pour les chiens de mer; il y a dans leur manière de prononcer le mot *kiens* quelque chose de féroce à la fois et de dédaigneux. Il faut dire que les chiens de mer leur font un grand tort. Rien n'est si simple que les appelets destinés à la pêche du hareng : ce sont de longues pièces de filet tendues, tirées en bas par des pierres, soutenues en haut par des barriques vides. Le poisson qui marche en colonnes serrées trouve un obstacle et veut le forcer ; sa tête passe à travers les mailles, mais le ventre l'arrête ; il tente alors de reculer et se trouve pris par les ouïes. Les *chiens*, qui les poursuivent n'ont qu'à choisir, et ils choisissent si bien, que les pêcheurs friands ne mangent que les poissons en partie dévorés, qu'ils appellent *bougons*. Quelques *kiens* se prennent dans les seines, et alors chaque homme de l'équipage vient à son tour prendre le captif par la queue et lui frapper la tête sur le bordage; ensuite, un pêcheur lui ouvre le ventre et en tire, avec deux ou trois petits *kiens* vivants, des harengs entiers et à moitié mangés.

Cependant, Romain, que plusieurs pêcheurs d'Étretat ont parfaitement connu, plus audacieux et plus aventureux que ses compagnons, trouvait toujours moyen de faire bonne pêche : il lui eût été si pénible de voir Geneviève supporter la moindre privation. Plusieurs fois, il s'exposa à une mort presque certaine en sortant seul, par un gros temps, parce que Geneviève désirait un bonnet neuf.

La pêche finie, dans les longues soirées d'hiver, on se rassemblait quelquefois pour fumer et manger des rôties au cidre; tantôt chez Romain, tantôt chez un autre. Dans les commencements, on aimait à faire raconter à Romain tout ce qu'il avait souffert et osé pour échapper à la conscription.

Les plus audacieux marins s'étonnaient, Geneviève était fière et heureuse en pensant que c'était pour elle que son mari avait fait de tels prodiges. Mais venait ensuite le tour de ceux qui avaient *servi*; ils étaient on ne peut plus enorgueillis de la gloire qu'on les avait forcés d'acquérir; chacun d'eux croyait avoir gagné la bataille où il avait eu peur. Les exagérations les plus grotesques trouvaient de crédules auditeurs. Pour Samuel Aubry, il affirmait que son portrait était sur la colonne de la place Vendôme, formé d'un canon qu'il avait enlevé tout seul.

Les *anciens militaires* s'arrogeaient entre eux une incontestable supériorité sur ceux qui n'avaient pas servi; ils avaient la parole dans les assemblées, désignaient les santés, prenaient des airs séducteurs avec les femmes et goguenards avec les maris; ils ne permettaient à personne la moindre contradiction ni le moindre doute.

Geneviève elle-même, à force d'entendre chanter des refrains plus ou moins guerriers et patriotiques, tels que : *Ah ! qu'on est fier d'être Français, quand on regarde la colonne!* ou *Français et militaire*, ou *Français et fier de l'être*, etc., Geneviève se surprit par moments à regretter que son mari n'eût pas fait comme tout le monde et n'eût pas été soldat.

Romain finit aussi par être honteux de s'être dérobé au service militaire; il prit son prodigieux courage et sa résolution pour une lâcheté.

Un jour d'été, il partit pour la pêche du maquereau ; il n'avait qu'une petite barque, et deux hommes seulement l'accompagnaient. A peine eurent-ils gagné le large, que le vent tomba tout à coup. Le maquereau se prend avec des lignes qu'on laisse traîner à l'arrière du bateau, tandis qu'on court des bordées à toutes voiles. Pour la pêche du maquereau, on sort d'ordinaire par un vent d'est, parce qu'il se soutient mieux que tout autre et qu'un vent un peu frais est indispensable pour le succès de cette pêche. Il fut obligé de virer de bord et de revenir; mais il avait à relever ses filets qu'il avait tendus la veille pour les homards, l'occasion étant d'autant meilleure que le vent d'est par lequel il était parti l'avait fait naturellement dériver en aval du côté du Havre. C'était presque au-dessous de *la Courtine*, vieille fortification ruinée au-dessus de la falaise, que Romain avait tendu ses derniers filets. La mer était basse; il suivit le chemin sous la falaise, relevant ses filets, et donnant le butin à ses deux compagnons, qui conduisaient la barque à une demi-portée de fusil du bord. Quand il eut relevé le premier filet, il laissa ses hommes continuer le chemin par la mer, et lui suivit la falaise. Il faisait un soleil dévorant. Arrivé à une profonde caverne, à laquelle une tradition a donné le nom de *Trou à l'Homme,* il y entra pour s'y reposer un moment.

Il n'y a rien de si beau que ces grottes que l'on trouve à chaque instant dans les falaises. Le bas est revêtu d'une roche blanche semblable au plus beau marbre; la voûte est toute tapissée d'une sorte de mousse d'un lilas rouge, qui, dans l'ombre, semble, par ses riches reflets, une immense tenture de velours violet; des angles des roches pendent des algues et des varechs, sombre verdure de l'Océan, qui paraissent d'abord noirs, et, vus en transparent, sont des plus belles nuances de vert, de violet et de pourpre.

Romain tira sa gourde et but un peu de genièvre, puis il se disposa à se remettre en route.

Mais, au fond de la grotte, il entendit des soupirs...; il avança, et à ces soupirs se mêlaient des baisers.

— Partons! dit-il, voici deux amants que je gênerais. — Cependant, il s'arrêta encore au bord de la grotte, la fraîcheur était si agréable! Il tira sa pipe, battit le briquet et fuma.

Le temps passe vite pour les fumeurs. Si vous m'accordez ceci, vous admettrez qu'il passe encore plus vite pour les amants. Le soleil descendit derrière la haute aiguille placée presque devant le *Trou à l'Homme*. Romain resta à le regarder coucher. Néanmoins, la mer montait, et, comme il s'était élevé un fort vent de sud-ouest, les lames venaient par moment jusqu'à l'entrée de la grotte. Il allait partir, mais une pensée le fit rentrer dans la grotte.

— Holà, hé ! cria-t-il, mes tourtereaux, la mer monte.

Mais à sa voix répondit un cri d'effroi et d'angoisse.

Romain se précipita au fond de la grotte. Une lutte s'engagea dans l'ombre, puis Romain sortit avec Geneviève. Tous deux étaient horriblement pâles. Personne ne sortit derrière eux. Romain jeta son couteau à la mer.

Le lendemain, Romain avait disparu. La mer apporta sur le galet d'Étretrat le cadavre de Samuel Aubry.

Plus en amont, non loin d'Étretat, au-dessous de l'endroit où Romain avait autrefois soutenu le siége, on trouva encore ses sabots et sa blouse; mais, cette fois, il y avait dans la blouse un corps brisé et en lambeaux.

Geneviève prit le deuil. Ce deuil extérieur pour Romain lui permettait de pleurer Samuel Aubry.

Il y a tant de morts qu'on pleure comme le lierre, qui, après avoir étouffé un arbre, pare sa tête morte de vertes guirlandes!

VI

LA PÊCHE DU HARENG

Tous les bateaux sont partis d'Yport et se sont dirigés vers Dieppe, car c'est là que se fait aujourd'hui la pêche du hareng.

Les vieux marins disent qu'autrefois les harengs venaient se faire prendre sur toute la côte, qu'ils marchaient en si grand nombre et en colonnes si serrées qu'on ne se donnait pas la peine de tendre les seines ni les appelets, qu'on les enlevait avec des seaux et des baquets. Les mauves (gros oiseaux gris qui suivent les bancs de harengs) étaient si nombreuses, que l'on était forcé de les écarter à coups de bâton. Ce qu'on avait à craindre alors, ce n'était pas une mauvaise pêche, c'était de voir les filets se rompre sous le poids.

— Mais, ajoutent-ils les larmes aux yeux, ce bon temps est passé! Depuis que les harengs ont abandonné nos côtes, nous sommes bien malheureux; nous avons bien du mal à gagner notre vie et celle de nos femmes et de nos enfants; sans compter qu'au lieu de rester chez nous, nous sommes forcés d'aller naviguer, avec nos frêles embarcations, dans des parages que nous ne connaissons pas aussi bien, et que nous courons par cela même beaucoup plus de dangers.

Le jour du départ, il y a eu grand'messe le matin. Le messe a été consacrée à la Vierge, car la Vierge est la patronne, la protectrice des marins; c'est elle qu'ils invoquent dans leurs plus grands dangers.

Puis on a achevé de parer les bâtiments, et les marins ont mis leur costume de pêche.

Ce costume se compose d'abord du vêtement ordinaire: une chemise de laine, un pantalon, un gilet et une veste de gros drap. Par-dessus, une veste de toile tannée, un *cotillon*, c'est-à-dire un large pantalon court, également en toile tannée:

une paire de grandes bottes qui couvrent les jambes et les cuisses; des gants en laine blanche, sans doigts, et sur la tête un bonnet de laine brune ou violette, et le plus souvent amarante ou écarlate. Le tout est recouvert du paletot; c'est un manteau à capuchon.

Tout cet attirail est nécessaire pour éviter le froid, qui empêcherait les marins de faire la manœuvre, et exposerait à la fois leur pêche et leur existence.

Le matin, chaque homme n'a bu qu'un petit verre de genièvre ; car le marin, qui boit autant qu'il peut payer à terre, est extrêmement sobre à la mer; ses provisions se composent de pain, de pommes et de petit cidre.

Le curé est descendu jusqu'à la mer, tout le monde a chanté un cantique, puis le curé a béni les bateaux.

Alors, il a fallu les pousser à la mer à force de bras; quinze hommes au moins sont employés à cette opération. Chaque équipage se compose du maître et de dix hommes, mais les femmes ne sont pas les moins ardentes à mettre la main à l'œuvre.

Ensuite, on s'est fait de courts adieux, car un quart d'heure ferait manquer la marée, et on ne pourrait entrer à Dieppe; les bateaux ont déployé leurs voiles et se sont éloignés. Les femmes, les enfants et quelques vieillards, restés seuls à terre, se sont assis sur le galet et ont suivi les bateaux des yeux.

Ce jour-là, loin des autres groupes se tenaient une femme et une jeune fille vêtues de noir. Le chef de la maison s'était noyé au mois de mai précédent, à l'époque de la pêche du maquereau. Elles suivaient des yeux, en se serrant la main, un des bateaux sur lequel étaient leurs dernières espérances et ce qui leur restait de consolations dans cette vie.

La mère était vieille et cassée, la jeune fille était jeune et belle; elles s'assirent sur l'herbe, entre les joncs, espèce de genêts épineux dont les fleurs jaunes sont si nombreuses et si serrées, qu'elles semblent de loin un immense tapis de drap d'or étendu sur les collines.

Voici ce que portait ce bateau, qu'elles voyaient partir le cœur serré d'une si cruelle sollicitude.

Il y avait encore un homme dans la famille, et cet homme était un enfant de quatorze ans; il partait pour la première fois. Pour la première fois, il allait s'exposer à des dangers qui avaient coûté la vie à son père.

Sur ce bateau aussi étaient les filets du défunt.

Voici comment se partage le produit de la pêche: chaque homme a une part; puis une part appartient en outre à celui qui a mis sur le bateau deux lots de filets, c'est-à-dire seize seines. Une veuve a le droit de mettre les filets de son mari sur le bateau qui lui inspire le plus de confiance, personne ne peut lui refuser de s'en charger, et elle prend part ainsi au bénéfice de la pêche. La veuve avait confié au même bateau et son fils et les filets de son mari.

— Pauvre mère, dit la jeune fille, espérons que, cette fois, le ciel aura pitié de nous, et veillera sur mon petit frère Moïse. As-tu vu comme il était heureux de partir, comme il a sauté légèrement sur le bateau? — Jamais il n'a tant ressemblé à son père, répondit la vieille femme: c'étaient les mêmes yeux et la même ardeur. — Et, ajouta la jeune fille, Samuel Martin aura soin de lui. — Dieu le bénisse aussi, ma fille, car c'est un brave et digne homme, et qui est bien bon pour nous!

La jeune fille rougit et balbutia, car Samuel

Martin l'aimait, et elle l'aimait aussi. Il était riche, le bateau qu'il commandait lui appartenait, et il n'y avait aucun prétexte d'espérer qu'il épousât jamais la pauvre fille.

Mais le brouillard qui s'élevait à l'horizon ne tarda pas à cacher les bateaux. La veuve et sa fille se mirent à genoux et prièrent.

Il y a quelque chose de bien touchant à voir ces prières sous le ciel, sous ce beau dôme de saphir du temple que Dieu s'est créé à lui-même, à l'heure où les vapeurs du soir portent en s'élevant jusqu'aux pieds de l'Éternel les doux parfums des fleurs, et en même temps les prières des malheureux.

Voici ce qui se passait à bord des bâtiments. A peine fut-on au large, c'est-à-dire à une certaine distance de la côte, et quand les voiles furent bien disposées et que les bateaux, à des intervalles inégaux les uns des autres, eurent commencé à glisser sur la mer, semblables, par la forme et la démarche, à de grands cygnes aux ailes d'argent, que sur chaque bateau le maître s'appuya sur la barre, et dit : — Nous allons prier le bon Dieu et la sainte Vierge.

Alors, tout le monde ôta son bonnet et l'on pria.

La nuit, on arriva à Dieppe; on dîna et l'on se remit à la mer, car c'est dans l'obscurité que se fait la pêche. Les bateaux se séparèrent, chacun selon son expérience ou ses prévisions, se plaçant plus près ou plus loin du bord, en *amont*, c'est-à-dire vers le nord-est, ou en *aval*, c'est-à-dire au sud-ouest de Dieppe.

Nous ne suivrons que le bateau sur lequel sont les filets et le fils de la veuve.

En quittant le port, le patron, à la barre, a encore ôté son bonnet et on a encore prié; puis, quand on a été arrivé à un endroit favorable, on a cargué les voiles, pour ne pas donner de prise au vent, et on a commencé à mettre *dehors*.

Les pêches que connaissent les Parisiens ne peuvent donner aucune idée de la pêche du hareng; il faut mille fois plus d'art, d'adresse, de ruse, d'attention pour prendre un seul petit goujon que pour capturer deux mille harengs. Avec quel soin sont faites les lignes des pêcheurs de nos rivières! comme le crin en est précieusement égal! comme les hameçons sont *empilés* avec soin! comme ils sont d'un acier fin et artistement travaillé!

Les filets pour la pêche du hareng, que l'on appelle *seines* ou *appelets*, sont d'une excessive simplicité : ce sont de longues pièces de filet en forme de pièces de toile; seulement, la largeur des mailles est bien fixée ; on les étend à la mer retenus en haut par de petits tonneaux vides et bien bouchés, et tirés en bas par de grosses pierres ; un bateau quelquefois en étend ainsi sur une longueur d'une lieue. Comme la largeur n'est que de trois brasses, c'est au patron à décider à quelle profondeur on doit les placer.

Après quelque temps, on les relève, on les *épille*, c'est-à-dire on en ôte les harengs, puis on les tend de nouveau, et souvent jusqu'à trois fois dans la nuit.

Voici comment se prend le hareng :

Au commencement de l'hiver, il quitte les mers du nord pour venir sur nos côtes ; il marche en longues colonnes serrées, suivi dans l'eau par une multitude d'ennemis, surtout par les chiens de mer, et hors de l'eau par de grandes mauves, les unes grises, les autres blanches, et d'autres blanches aux ailes noires. Au moment où j'écris ceci, j'en ai sous les yeux une que j'ai abattue il y a cinq mois, et qui a été mise à mort par mon beau chien Freyschütz : elle a près de cinq pieds de l'extrémité d'une aile à l'autre ; le corps et le dessous des ailes sont blancs, le dessus seulement est d'un gris très-sombre; la tête est blanche et a la forme d'une tête d'aigle. La mauve a le vol capricieux de l'hirondelle de nos rivières ; son plumage est si épais, que l'on entend souvent les chevrotines ruisseler sur son ventre; elle se secoue alors et continue sa route. On ne peut abattre les mauves qu'en les touchant à la tête ou en leur cassant les ailes.

Le hareng ainsi poursuivi n'a garde de flâner sur sa route; aussi les premiers qui rencontrent les seines poussent dessus et passent la tête à travers les mailles; ceux qui les suivent en font autant, mais la maille est trop étroite pour que le corps puisse aussi passer ; ils veulent alors se retirer, mais ils sont arrêtés par les ouïes.

Le chien de mer, hideux poisson qui en est fort avide, n'a plus qu'à choisir, et entame les plus gros et les meilleurs; aussi les pêcheurs regardent-ils comme un manger exquis les morceaux de harengs entamés, qu'ils appellent *bougons*.

Il n'est pas rare que d'un seul coup de filet on retire de l'eau vingt mesures de harengs : chaque mesure contient deux cents harengs; cela fait quatre mille. Il n'y a rien de plus beau que de voir à la clarté de la lune retirer les appelets, qui semblent tout lamés d'argent.

Mais les chiens de mer se sont pris aussi dans les filets, et les pêcheurs tiennent leurs ennemis à discrétion. Le chien de mer n'a à attendre alors ni pitié ni merci. La haine de l'équipage s'exerce ingénieusement à le tourmenter. Chaque homme, jusqu'au plus petit mousse, vient à son tour le prendre par la queue, et lui frapper la tête sur le bord du bateau; puis on lui ouvre le ventre avec un couteau, et l'on en retire des harengs quelquefois entiers, avec deux ou trois petits chiens vivants dans le sein de la mère. Il n'y a rien de plus haineux que l'accent avec lequel les matelots normands prononcent le mot de *kiens* quand ils les voient. J'ai connu un brave pêcheur, nommé, je crois, Toussaint, qui prétendait les sentir de très-loin.

C'est ce qui n'arriva pas au bateau de Samuel Martin; pendant deux mois qu'il resta dans la rade de Dieppe, il ne prit que juste de quoi payer les avaries du bateau et des filets, et les autres bateaux se paraient pour retourner à Yport, qu'il n'y avait pas cent francs à partager entre tous les hommes de l'équipage du *Triton d'Yport*.

Le patron consulta ses hommes, et tous furent d'avis de rester encore.

Pendant ce temps, voici ce qui se passait à Yport : les nouvelles de la pêche étaient, comme ici à la Bourse, les nouvelles politiques. Quand on voyait une grande quantité de mauves sur la mer, les femmes des marins avaient crédit chez le boulanger ; mais, quand il faisait du vent, quand le temps était peu favorable à la pêche, les cœurs et les boutiques des fournisseurs se fermaient.

Tout en se livrant aux soins de leur ménage, aux raccommodages des vieux filets, etc., la jolie Marthe et sa vieille mère s'entretenaient souvent des résultats de la pêche, et surtout du petit Moïse.

— Il y a eu beaucoup de mouches cet été, disait Marthe, et c'est un bon signe pour la pêche.

Puis toutes deux priaient.

Et Marthe ajoutait tout bas une prière pour Samuel Martin.

Un jour, comme elles étaient à laver à une source d'eau douce qui se découvre à la marée basse sous les falaises d'Yport, le soleil se couchait comme il se couche en cette saison, vers le Havre, au sud-sud-ouest d'Yport; une vapeur orangée s'élevait à l'horizon, devenant jaune et plus pâle à mesure qu'elle s'éloignait du soleil; les nuages, au-dessus du soleil, paraissaient d'un bel amarante, et les derniers rayons éclairaient le côté opposé. Tout à coup un cri partit : « Une voile! ce sont les bateaux! ce sont nos hommes! » En effet, on ne tarda pas à reconnaître, à une distance de deux ou trois lieues, les premiers bateaux qui revenaient. Les bâtiments des côtes sont faciles à reconnaître par les yeux exercés : ils ont la carcasse plus large, leur beaupré est un petit mât presque horizontal placé à l'avant du bateau; ce mât, dirigé en haut sur tous les autres navires, est dirigé en bas dans les bateaux pêcheurs d'Étretat, d'Yport, etc.; alors, on s'empressa de rentrer le linge, et on prépara les câbles et les haussières, cordes grosses comme le bras, et aussi les cabestans, car il faut *virer* (hisser) les bateaux sur le galet.

La nuit ne tarda guère à arriver, on ne pouvait plus distinguer les bateaux, mais on entendait le son des conques percées, sorte de trompes marines par lesquelles les pêcheurs annoncent leur retour.

Quand tout fut prêt pour les recevoir, les groupes se formèrent sur la plage. Marthe et sa mère étaient montées au plus haut d'une falaise pour découvrir de plus loin les signaux, et aussi pour ne pas laisser voir la violence de leur émotion et de leur anxiété.

Les sensations réelles ne sont pas babillardes ; renfermées au fond du cœur, elles ne s'exhalent pas en paroles.

Alors, dans la nuit de la mer commencèrent à paraître les signaux des diverses embarcations.

D'abord une flamme s'éleva. Un cri partit de la rive : *Pierre Martin !*

Et, peu après, le bateau de Pierre Martin arriva en rade.

Des étincelles jaillirent d'un autre point de l'horizon : *André Toussaint !*

Puis des bouffées de flammes s'élancèrent par trois fois : *Nicolas Maillard !*

De la paille allumée traça sur la mer un long sillon de feu.

Et le cri répéta sur le bord :

C'est *Jean Mathias !*

— Mon Dieu ! disait la vieille veuve, nous ne

verrons pas la croix de feu de Samuel Martin.

Marthe ne disait rien, mais elle était oppressée et elle joignait les mains.

Il vint un moment où tous les bateaux furent arrivés, et on n'avait pas vu la croix de feu.

Marthe et sa mère descendirent lentement la colline, et vinrent demander des nouvelles.

Samuel Martin avait eu mauvaise pêche, il voulait faire encore quelques tentatives avant de revenir.

Elles rentrèrent chez elles, et passèrent la nuit en prières. Le surlendemain matin, on signala le bateau de Samuel Martin, et quatre coups de trompe le firent reconnaître.

Les vieux pêcheurs étaient sur le galet.

— Eh! eh! dit l'un d'eux, le bateau plonge bien de l'avant. — Mais, dit un autre, c'est un bateau chargé de harengs, ou je ne m'y connais pas. — Mais il n'y a pas de harengs sur nos côtes! — Qui sait? il y a vingt ans que nous n'y pêchons plus. — C'est peut-être pour cela que nous n'en prenons pas.

Le bateau approcha.

Samuel Martin était sur l'avant, il avait donné le gouvernail à son second.

Aux rayons du soleil levant, son bonnet de laine brune et son paletot gris étincelaient d'écailles de hareng.

— Bonne pêche! bonne pêche! crièrent les anciens, le maître est tout couvert de *pièces de dix sous*.

Après deux heures d'attente, le bateau arriva à la portée de la voix.

— Cent cinquante mesures aujourd'hui, cria Samuel, et deux cent cinquante hier.

Quand le bateau fut viré, quand Marthe et sa mère eurent embrassé le petit Moïse, qui était, lui aussi, tout argenté d'écailles ; quand Marthe et Samuel se furent embrassés du regard, Samuel raconta qu'il revenait désespéré, lorsque le petit Moïse avait dit comme par une inspiration du ciel : « Allons, un coup pour la veuve et pour les enfants du marin noyé! » On s'était mis en prières, on avait mis *dehors* et pris du premier coup trente mesures de harengs. Le bateau se trouvait surchargé. Tous les pêcheurs avaient embrassé le petit Moïse, qui venait de leur porter bonheur. . . . . . .
. . . .
. . . .

Je partais le lendemain, je n'ai pas vu le mariage de Marthe et de Samuel Martin; mais tout le monde en parlait comme d'une chose faite, et tous les marins étaient si heureux, que j'aurais voulu rester au milieu d'eux. Le bonheur, comme le soleil, assainit l'air que l'on respire et réjouit l'âme même des simples spectateurs.

VII

LA VIE SUR L'EAU — SAINT-OUEN

En ma première et verte jeunesse, comme beaucoup d'autres, sans doute, après la lecture de *Robinson Crusoe*, je fus pris de l'amour des îles désertes, et je me mis à en chercher une dans un rayon très-restreint.

En ce temps-là, — il n'y a pas beaucoup moins d'une trentaine d'années, — la campagne n'était pas à la mode comme aujourd'hui.

Si l'on va à la campagne aujourd'hui beaucoup plus qu'il y a trente ans, ce n'est pas que l'amour des champs se soit beaucoup développé ; — c'est qu'il est devenu à la mode d'être riche, d'aller aux eaux l'été et d'avoir sa villa. — Dieu sait et le diable aussi combien de pauvres femmes meurent d'ennui à la campagne, et mourraient de chagrin, cependant, si elles ne pouvaient dire au mois de juin : « Je vais à mon château ; » et au mois d'octobre : « Je reviens de mon château, j'ai passé l'été à ma terre. »

En ce temps-là, il n'y avait guère parmi les Parisiens que les ouvriers qui allaient à la campagne, et ils n'y allaient que le dimanche. Cette promenade les faisait utilement sortir de leurs demeures, et le petit vin d'Argenteuil à six sous le litre les faisait sortir de leur vie et de leurs privations.

Pour la plupart, cependent, l'excursion champêtre se bornait à sortir strictement de Paris, car, aussitôt qu'ils avaient dépassé le mur d'octroi et qu'ils avaient épelé sur les enseignes : *Bon vin de vigneron,* — *Vin d'Argenteuil,* etc., ils se gardaient bien d'aller plus loin et revenaient « de la campagne » sans avoir vu un arbre ni foulé un brin d'herbe.

C'est alors que je découvris l'île Saint-Ouen, dont je m'emparai. On se rappelle l'effroi dont fut saisi Robinson en reconnaissant dans son île l'empreinte d'un pied d'homme; — je ne fus pas beaucoup plus enchanté lorsque je m'aperçus qu'une centaine de personnes venaient tous les dimanches encombrer le cabaret qu'avait fondé la meunière; pendant deux jours, les échos restaient enroués des cris et des chansons d'un bucolique suspect qu'on leur avait fait répéter.

Depuis, Léon Gatayes, en compagnie d'Eugène Isabey, de Camille Roqueplan, de Clément Boulanger, etc., ayant touché à Étretat, j'y abordai après eux, et, plantant mon drapeau sur cette plage, je lui donnai quasiment mon nom comme fit Améric de la terre découverte par Colomb.

Puis je découvris personnellement Dives et Cabourg, dont les vaudevillistes sont à leur tour devenus les Vespuces.

Puis Sainte-Adresse, que j'ai enfin quittée pour Nice, où j'écris ces quelques lignes.

Me trouvant dernièrement à Paris, — il arriva un soir qu'après une longue causerie avec Gatayes, nous évoquâmes de bons souvenirs d'autrefois, et nous vîmes apparaître les ombres des journées de notre jeunesse; — les unes vives, alertes, avec un bon rire s'épanouissant sur trente-deux dents blanches et acérées, les autres avec l'empreinte de ces douces et nobles tristesses de vingt ans, que nous ferions une bonne affaire de reprendre en échange des bonheurs de quarante ans.

Il nous prit un vif désir de revoir les lieux où nous avions été jeunes, et si jeunes, et si bien jeunes, et, le lendemain matin, nous nous mîmes en route.

Il me sembla que mes cheveux avaient noirci pendant la nuit.

Nous vîmes de loin une maison dans l'escalier de laquelle j'ai fait quatre cents lieues pour passer devant une certaine porte du troisième étage, et avec l'espoir qu'on reconnaîtrait mon pas; dans le jardin de laquelle j'ai fait dix mille vers dont je n'ai jamais osé montrer un seul à celle qui les inspirait.

Puis nous revîmes Saint-Ouen; là, nous fîmes comme une femme qui aurait, en dansant, rompu le fil de son collier et qui en rechercherait les perles éparses dans le gazon.

Voici encore les piquets où l'on attachait les bateaux, et où fut longtemps mon canot rayé orange et noir; — nous avions bien envie de

crier : « Ohé ! Bourdin !... ohé ! Magdeleine !... »
— mais nous n'osions pas ; — peut-être ils dorment
dans le cimetière de la commune.

Sans rien dire, nous montons dans un bateau
qui allait traverser la rivière sous la conduite d'un
marinier inconnu ; nous nous montrons du regard
un pont en construction sur la rivière; nous avons
bien fait de venir aujourd'hui : l'année prochaine,
l'île Saint-Ouen ne sera plus une île. Regardons
plutôt ces beaux peupliers, — toujours les mêmes ;
le temps ne vieillit pas les arbres, il les accroît ;
ils ont grandi, et ils sont toujours verts ; — écoute,
le vent joue sur leurs feuilles les airs d'autrefois.

. . . . , .

Sur l'autre rive, nous trouvons Bourdin et sa
femme, qui nous embrassent les larmes aux yeux,
qui nous appellent Léon et Alphonse ; ils se
portent bien, ils ont bien marié leur fille ; ils
ont fait une petite fortune, fruit du travail assidu,
l'économie ; fortune de gros sous, — bronze dont
ils ont bâti une maison dont l'aspect me touche
plus que celui des colonnes bâties avec le bronze
des canons !

Nous entrons dans leur maison, nous goûtons le

vin de leur vigne. Puis nous allons voir le moulin, là où était le cabaret de la mère Clément, la femme du meunier, qui criait si fort après nous, elle qui cependant nous aimait assez.

La mère Clément est morte ; ce sont des inconnus qui tiennent le cabaret ; nous irons alors dîner sur un autre point de l'île chez une des filles de la mère Clément.

Puis nous faisons le tour de l'île ; — derrière le moulin est ce courant si rapide que nous seuls quelquefois remontions avec la gaffe, en revenant des petits bras de la Seine qui serpentent sous les saules autour de l'île Saint-Denis. De l'autre côté est l'îlot où j'ai écrit *Une heure trop tard* ; reconnaîtrai-je le saule creux où je cachais mon papier, ma plume et mon encrier ?

Voici le point de la rive où, chargés une nuit de transporter dans l'île « une société », nous passâmes les femmes et négligeâmes les hommes sur la rive opposée ; mais ils comprirent l'innocence de la plaisanterie, et l'un d'eux nous remercia le lendemain des respects dont leurs compagnes leur racontèrent que nous les avions entourées.

Ici, nous nous sommes jetés à l'eau ensemble et

nous n'avons pu ramener que mort un pauvre enfant qui y était tombé en pêchant à la ligne, sur une estacade avancée.

C'est là-bas que, le dimanche, sous les ordres de Bourdin, en son absence et parfois concurremment avec lui, je m'étais fait passeur et transportais dans l'île les « sociétés » du dimanche.

Quelquefois, on se faisait mener à Saint-Denis et l'on dînait dans l'île; puis, au dessert, on offrait au « brave homme » un verre de vin qu'il buvait « à la santé des dames ».

Ici, je soutins le paradoxe de me baigner une dizaine de fois en plein hiver, conduit par Bourdin, au milieu de la Seine prise sur les deux bords. C'est dans le bassin du canal que, toi aussi, Léon, tu fis la même expérience; mais tu n'aurais jamais pu remettre les boutons de tes vêtements, sans l'obligeance d'une jeune et innocente villageoise qui vint heureusement à ton secours et reçut tes remercîments les plus respectueux.

Et alors nos souvenirs se réveillent et voltigent sur l'herbe de la prairie avec les libellules au corselet d'émeraude.

Te rappelles-tu, Léon? te souvient-il, Alphonse?

Oh! les dîners exquis, — et les charmants amours
Du temps de la jeunesse et des premiers beaux jours !
Un cervelas, du pain, les fruits âpres des haies,
La dernière venue à l'ombre des futaies.
Quels dîners! quels amours! si bons, faits d'appétit.
Comme leur souvenir reste vivant dans l'âme! —
Quel cervelas ! quel pain ! quels fruits! et quelle femme!
On n'en fait plus ainsi dans ce siècle maudit.
Qu'on était riche alors ! qu'on est pauvre aujourd'hui !

Qui n'a trop à vingt ans n'aura rien à quarante.
Il faut que la jeunesse immodérée, ardente,
D'une séve excessive enflant ses beaux rameaux,
Couvrant de trop de fleurs sa tête verdoyante
Fasse la part du cœur, des frimas, des ciseaux[1] !

Je l'ai dit bien souvent, honorons la vieillesse !
Les vieux sont des amis qui s'en vont — et qu'il faut
Conduire avec un peu de tendre politesse.
Mais le temps ne fait pas à lui seul la sagesse.
On ne devient pas sage à force d'être sot :
Eût-on cent ans et plus, je tiens qu'on déraisonne
Sur la jeunesse, si l'on croit faire plutôt
Mûrir les fruits tardifs qu'amènera l'automne,
En secouant les fleurs dont avril la couronne !

Soyez jeunes, ô jeunes gens! — et menez votre jeunesse dans les prairies, dans les forêts, sur l'onde et sur ses rives; livrez-vous à ces exercices qui

---

1. *Amo in adolescente quod resecari possit.*

fortifient l'âme et l'esprit en même temps que le corps; celles de vos belles journées passées dans les salons, dans les théâtres, dans les cafés, à la Bourse meurent et ne renaîtront plus ; celles qui se sont passées aux champs refleuriront tous les ans dans les boutons d'or et les pâquerettes des prés.

C'est parmi les compagnons de ces plaisirs, de ces exercices, que vous lierez des amitiés franches, durables, que vous retrouverez votre vie; parce que, là seulement, on ne joue pas de rôle, on est soi-même, on se livre à tous les bons instincts sans restriction, sans contrainte; parce que, là, les distinctions de la force, de l'adresse, du courage, l'emportent sur celles de l'argent ; parce que, là, on est vraiment jeune, on est vraiment bon; là, on montre son visage, avant d'adopter le masque que l'on mettra plus tard dans le monde.

Juin 1856.

VIII

ERREURS ET PRÉJUGÉS POPULAIRES

Stéphen demeure en Normandie, au bord de la mer. Il va tous les jours pendant quelques heures à la pêche ou à la promenade dans un canot avec son matelot Onésime. Quand le vent est bon, Stéphen tient la *barre* du gouvernail et l'*écoute* de la voile et dirige la marche du canot. Onésime fume à l'avant, et quelquefois raconte à son maître les pêches lointaines et périlleuses de la morue et de la baleine. Mais, au bout de quelques mois, Onésime avait raconté toutes ses histoires. Un jour que le patron et le matelot avaient tiré leurs filets chargés de poisson, Onésime dit en revenant :

— Je ne m'attendais pas à avoir un seul poisson. C'est aujourd'hui vendredi et le 13 du mois !

Stéphen. — Croyez-vous sérieusement que les

poissons ne mordent pas aux hameçons ou passent à côté des filets le vendredi de chaque semaine et le 13 de chaque mois?

Onésime. — Tout le monde sait, monsieur, que le vendredi et le 13 du mois sont des jours pendant lesquels il ne faut rien attendre d'heureux.

Stéphen. — Ainsi vous ne voudriez pas laisser juger un vendredi le procès que vous avez avec votre cousin?

Onésime. — Non, monsieur, ni un vendredi ni un 13.

Stéphen. — Vous pensez donc que ce jour n'est malheureux que pour vous?

Onésime. — Il est malheureux pour tout le monde, monsieur, c'est connu.

Stéphen. — Vous ne pouvez cependant pas perdre votre procès tous les deux. Si le vendredi est malheureux pour vous et vous fait perdre votre procès, votre cousin le gagnera, et ce sera pour lui un heureux jour.

Stéphen fit parler Onésime et vit avec effroi et tristesse que ce pauvre homme (ainsi que tant de milliers d'autres!) n'avait presque rien appris de vrai et d'utile, mais qu'on ferait un gros livre avec toutes les idées fausses dont il s'était rempli la tête. Comme Onésime a naturellement du bon sens, Stéphen essaya de détruire dans son esprit les erreurs

ERREURS ET PRÉJUGÉS POPULAIRES

et les préjugés qui malheureusement se conservent par tradition dans les classes populaires et souvent même dans les classes qui ont reçu plus ou moins d'éducation. Pendant tout un été, il y consacra le temps de ses promenades en mer.

Ceci est le résumé de ces conversations.

Aujourd'hui, il faut instruire le peuple, qui est appelé à prendre part, chacun selon le degré de ses lumières acquises et de son intelligence naturelle, au gouvernement du pays. — De même qu'avant d'ensemencer une terre on en arrache les mauvaises herbes qui épuisent sa sève et étoufferaient les bonnes semences, il faut commencer par détruire les idées fausses.

*
* *

Demande. — Je sais maintenant que le vendredi et le 13 du mois sont des jours comme les autres ; mais il y a cependant des choses qui portent bonheur ou malheur : répandre du sel, mettre sa cuiller et sa fourchette en croix, allumer trois chandelles, tout cela passe pour des présages funestes.

Réponse. — Ce sont des contes absurdes auxquels il ne faut faire aucune attention.

D. — Est-ce qu'on n'a pas remarqué que, si treize personnes se trouvent réunies à table, il en meurt une dans l'année ?

R. — Le nombre treize à table n'est malheureux que lorsqu'il n'y a à manger que pour douze.

D. — Un tison qui roule dans l'âtre n'annonce-t-il pas une visite?

R. — Pas plus qu'un tintement d'oreille n'annonce qu'on parle de vous quelque part, en bien quand c'est l'oreille droite, en mal quand c'est l'oreille gauche qui tinte.

D. — Et les araignées ne portent-elles pas bonheur le soir et malheur le matin? « Araignée le soir, espoir; le matin, chagrin »

R. — Les araignées n'ont d'influence que sur le sort des mouches qu'elles prennent dans leurs toiles.

D. — Mais est-ce que cela ne porte pas bonheur, de donner aux pauvres?

R. — Dites plutôt que cela *apporte* bonheur. Les riches ont reçu de la Providence, outre leur part, celle des pauvres, qu'ils sont chargés de leur distribuer. Un grand orateur a dit aux riches : « Songez bien que, de toutes vos richesses, vous n'emporterez dans l'autre vie que ce que vous aurez donné dans celle-ci. » Un grand poëte :

Qui donne aux pauvres prête à Dieu.

D. — Peut-on sans danger faire couper ses cheveux pendant la décroissance de la lune?

R. — Il faut faire couper ses cheveux quand ils sont trop longs.

D. — Les comètes annoncent-elles de grands événements ?

R. — Les comètes n'annoncent rien, pas plus que le signe sous lequel vous êtes né.

D. — Faut-il s'inquiéter quand on a rêvé qu'on perdait une dent, ou se réjouir de tout autre songe réputé heureux ?

R. — Les mauvais rêves sont le résultat d'un trouble porté au cerveau par le malaise de l'estomac. Les songes sont finis quand vous êtes réveillé, et n'ont aucune influence au delà du sommeil.

D. — N'existe-t-il pas des choses, des talismans ou amulettes qui font gagner de l'argent au jeu ?

R. — On ne gagne jamais au jeu. Supposez que Pierre et Jean, venant de recevoir le produit du travail de leur semaine, soit 14 francs, s'avisent de jouer aux cartes la moitié de cette somme : Jean gagne, il a donc 21 francs, et Pierre n'en a plus que 7 ; mais Pierre a diminué son argent de la moitié, et Jean se procurera des choses dont il pouvait se passer, telles que des friandises, etc. Pierre privera lui et sa famille de choses nécessaires, peut-être de pain.

Que, la semaine suivante, ils jouent encore et que, la chance ayant tourné, ce soit Pierre qui gagne : il aura à son tour augmenté son avoir d'un tiers inutile, et Jean aura diminué le sien d'une moitié nécessaire.

Ils auront ainsi perdu tous les deux ; car chacun a augmenté une fois son avoir d'un tiers, et une autre fois l'a diminué de la moitié. Chacun des deux a gagné une fois des choses inutiles, et une autre fois perdu des choses indispensables.

D'ailleurs, ne trouveriez-vous pas fous ou méchants deux amis qui se réuniraient un dimanche pour se faire un procès dont un des deux devrait payer les frais ?

C'est précisément ce que font deux amis qui se réunissent pour jouer de l'argent.

D. — Existe-t-il des sorciers ?

R. — Non ; mais il y a des fripons qui abusent de l'ignorance des autres.

D. — Peut-on guérir avec certaines paroles une entorse ou une foulure ?

R. — On ne réussit pas toujours, même avec les soins et les médicaments enseignés par la science et l'expérience. Les paroles n'y font rien.

D. — Les bagues de saint Hubert que vendent les colporteurs préservent-elles ou guérissent-elles de la rage ?

R. — Pour se préserver de la rage, quand on a été mordu par un chien suspect, il faut, aussi vite que possible, appliquer sur la blessure, après l'avoir lavée, un fer rougi à blanc, ou verser sur la plaie de l'alcali volatil, et ensuite prendre les conseils d'un médecin.

D. — Existe-t-il des loups-garous ?

R. — Il y a des fripons qui jouent cette comédie et des imbéciles qui y croient.

D. — Faut-il sonner les cloches pendant l'orage ?

R. — Non. Presque tous les savants disent que le mouvement des cloches attire la foudre, mais il est au moins certain qu'elle frappe de préférence les endroits élevés tels que les clochers, et le moindre mal qu'il pourrait arriver serait d'exposer le sonneur.

Il faut également éviter de se réfugier sous un arbre et de courir.

D. — Court-on le danger de devenir fou en passant auprès d'un champ de fève en fleurs ?

R. — Cette sottise vient de la saison où fleurissent les fèves, saison qui est celle où, par diverses circonstances, on constate le plus de cas d'aliénations mentale.

D. — Les coqs pondent-ils des œufs d'où naissent des serpents ?

R. — Les coqs ne pondent pas, et il ne sort de tout œuf comme de toute graine qu'un animal ou une plante semblable à l'animal qui l'a pondu, ou à la plante qui l'a portée.

On prend pour des œufs de coq certains petits œufs stériles de forme bizarre, que pondent quelquefois les jeunes poules.

D. — Le dard de tous les serpents est-il dangereux?

R. — Les serpents n'ont pas de dard. Il n'y a en France, parmi les reptiles, que la vipère qui soit dangereuse : mais elle l'est extrêmement, elle n'a pas plus de dard que les autres : en mordant, elle fait sortir de deux dents creuses un venin renfermé dans des poches qu'elle porte aux gencives. Quand on a été mordu par une vipère il faut : 1° presser la blessure; 2° mettre dessus quelques gouttes d'alcali volatil ; 3° aller consulter un médecin.

D. — Les lézards, les crapauds, sont-ils venimeux?

R. — Le crapaud seul jette quelquefois une sorte de bave qui peut causer à la peau qu'elle touche des rougeurs ou des boutons qui passent d'eux-mêmes.

D. — Quelle est l'influence des colliers jaunes, bleus ou blancs qu'on met au cou des enfants lorsque veulent sortir leurs premières dents ?

R. — Précisément celle qu'ont les colliers de bouchons de liége aux chattes dont on a noyé les petits, pour faire passer leur lait, c'est-à dire aucune.

D. — Qu'est-ce que les amulettes et les talismans? Peuvent-ils écarter certains dangers ou être une cause de prospérité?

R. — Leur seul effet est de faire gagner de l'argent à ceux qui les vendent.

D. — Existe-t-il des devins? Ceux qui s'intitulent ainsi peuvent-ils prédire l'avenir? Les cartes ou le marc de café peuvent-ils donner des renseignements sur notre destinée?

R. — Ceux qui s'intitulent devins sont des fripons. Les cartes et le marc de café ne servent qu'à extorquer de l'argent à leurs dupes.

D. — Peut-on, au moyen d'une baguette de coudrier, découvrir les sources ou les trésors cachés?

R. — Pour les sources, l'expérience, l'analogie peuvent faire présumer leur direction. La baguette de coudrier ne sert qu'à donner un air de merveilleux à certaines connaissances naturelles. Pour les trésors, si cette faculté était réelle, ceux qui prétendent les découvrir auraient commencé par s'enrichir et ne mettraient pas eux et leur prétendue science à la disposition du public pour quelques pièces de monnaie.

D. — Peut-on, au moyen de certaines pratiques, empêcher un jeune conscrit de tomber au sort?

R. — Non. Les promesses que font à ce sujet certains imposteurs n'ont pour but que de se faire donner de l'argent par les gens crédules.

D. — Est-ce donc un grand malheur d'avoir au tirage un numéro qui vous fait être soldat?

R. — Non. Un grand nombre de nos plus belles illustrations militaires sont sorties des rangs du peuple; dans les autres carrières, vous êtes arrêté par le manque d'argent; dans l'état militaire, avec du courage, de l'ordre et de la discipline, vous pouvez arriver à tout.

Ensuite, pour ceux qui ne restent au service que pendant le temps exigé par la loi, il est évident, au retour, qu'ils ont acquis des qualités précieuses; ils sont plus propres, plus rangés, plus résolus que ceux qui sont restés au village; les voyages leur ont appris beaucoup de choses utiles et agréables; ils parlent mieux; ils sont ensuite plus recherchés pour les emplois et pour la société; ils sont plus considérés.

D. — Pourquoi dit-on d'un homme heureux qu'il a la corde d'un pendu? Est-ce que cela porte bonheur d'avoir la corde d'un pendu?

R. — On dit cela parce qu'on l'a entendu dire à d'autres; ce n'en est pas moins une sottise.

D. — Si, en allant visiter quelqu'un, vous rencontrez un troupeau de moutons par la tête, c'est à-dire venant vers vous, n'est-ce pas signe que vous serez bien reçu?

R. — Sans doute vous êtes bienveillant pour ceux que vous allez voir, et, s'ils venaient à vous vous leur feriez bon accueil. Eh bien, si par hasard ils s'étaient mis de leur côté en route pour vous aller voir, et que vous rencontrassiez en même temps à moitié chemin le même troupeau de moutons, pour vous qui verriez les moutons par la tête, vous pourriez compter sur un bon accueil de leur part; mais, eux, voyant les moutons par la queue devraient être sûrs d'être mal reçus par vous. Vous voyez que cela n'a pas le sens commun.

D. — Quel mal il y a-t-il à jurer?

R. — Il n'y en a guère pour les autres; mais il y en a pour vous: il n'y a pas assez de plaisir à proférer des paroles dénuées de sens, comme sont les jurons, pour qu'on s'expose à faire penser aux gens qui vous entendent que vous êtes un homme grossier et mal élevé.

D. — Pourquoi exige-t-on que les enfants ne se servent que de la main droite?

R. — Par une sotte habitude; la main gauche devient aussi plus faible et plus maladroite. C'est se créer péniblement une infirmité; l'habitude nous empêche de voir que c'est aussi fou qu'il le serait de ne vouloir marcher que sur une jambe ou bien de se couvrir un œil ou se boucher une oreille.

D. — Est-il vrai que les anguilles naissent de l'écume de l'eau, et les insectes de la corruption des animaux et des plantes?

R. — La corruption n'engendre rien. Rien ne vient de rien. Les animaux, comme les plantes, proviennent d'animaux ou de plantes semblables à eux.

D. — Que faut-il penser des envies de femme grosse et des marques qui en résultent pour les enfants?

R. — Si ces marques avaient des envies pour cause, elles seraient plus variées. Ces marques sont toujours rouges ou brunes, et cependant l'on voit telle femme désirer des fruits verts, telle autre désirer un châle bleu. Cela n'est pas plus vrai que l'influence du regard de telle ou telle personne.

D. — Ne peut-on donc jeter un sort sur quelqu'un ou sur les troupeaux de quelqu'un?

R. — Les hommes ont malheureusement le pouvoir de se faire beaucoup de mal les uns aux autres; mais la Providence ne leur accorde pour cela aucune puissance surnaturelle.

D. — Ne faut-il pas se tenir proprement vêtu et suivre ce dicton : « Il vaut mieux faire envie que pitié? »

R. — Il faut se tenir proprement vêtu; mais il est aussi inutile et dangereux d'exciter l'envie, qu'il est triste d'exciter la pitié. En ayant un extérieur au-dessus de votre état, vous excitez à la fois l'envie des sots et la pitié des honnêtes gens.

Il faut surtout ne pas s'enorgueillir d'être bien vêtu; les plus riches ajustements sont une preuve de l'humilité de l'homme. L'homme, qui est le roi des animaux, ne doit pas être fier d'avoir besoin de leurs dépouilles pour se parer.

Cette femme hier était douce et bonne, elle est aujourd'hui dure et arrogante. Qu'y a-t-il donc de changé en elle ? Rien ; elle a sur la tête cette plume arrachée à la queue d'une autruche. Comme une autruche doit être fière, elle qui en a tant et qui lui appartiennent !

Croyez-vous que l'orgueil sera moins ridicule s'il est causé par un châle appelé cachemire, fait des poils de certaines chèvres ?

Et cette robe de soie, c'est une enveloppe qu'un vilain ver blanc appelé ver à soie abandonne avec dédain, pour devenir un papillon.

Et les diamants, que sont-ils pour les savants ? Du charbon !

Aujourd'hui, on commence par s'habiller, se parer ; on se déguise en riche ; ensuite, on mange, on boit, on se chauffe avec le reste, quand il reste quelque chose. Chacun a la passion de paraître plus qu'il n'est ; mais cette passion coûte cher. Pour la satisfaire, chacun dépense un peu plus qu'il n'a. Le seul résultat de cette triste comédie est une parfaite égalité de pauvreté et de misère, même pour ceux que la fortune avait voulu en affranchir.

Il faudrait que le bon sens et l'honnêteté publique arrivassent à créer des lois somptuaires, de ces lois qui sont toujours respectées parce qu'elles sont sous la protection du mépris et du ridicule. Aujourd'hui qu'on peut être fier d'être ouvrier, pourquoi certains ouvriers qui avaient un costume à eux l'ont-ils abandonné pour s'affubler d'habits chers?

Les charpentiers avec leurs vestes et leurs pantalons de velours n'étaient-ils pas mieux mis que lorsqu'ils portent gauchement des habits et des redingotes qui cherchent à imiter les vêtements des marchands riches?

Que la femme ou la fille de l'ouvrier aiment à être bien mises, je le conçois, c'est un sentiment naturel, mais seulement pour être jolies et pas pour paraître riches; qu'elles évitent avec mépris les bijoux faux, les imitations d'hermine; qu'elles se fassent un costume conforme à leurs moyens, et qu'elles se fient, pour le reste à leurs grâces naturelles, à leurs yeux, à leurs dents, à leur modestie, à leur beauté.

Outre la misère à laquelle condamne le semblant de luxe, l'ouvrier pauvre n'ose plus mener sa femme et sa fille dans les lieux de plaisir honnêtes, où elles seraient humiliées, aujourd'hui qu'*il faut* une toilette trop chère. Il les laisse à la maison, s'il ne peut pas leur donner cette toilette. Plus de promenade, plus de danse, pas de mariage; lui seul va au cabaret. Le dimanche, le jour de la famille, du repos et du plaisir, se passe dans la tristesse pour les femmes, dans la débauche pour les hommes.

Je ne parle pas ici seulement pour l'ouvrier: l'employé et sa femme, le rentier à tous les degrés, et « son épouse », tout le monde veut se tromper. Triste et coûteux carnaval !

Il n'y a pour ce mensonge que fait tout le monde que deux résultats possibles. Si vous réussissez à avoir l'air très-riche, on vous envie ; si vous ne réussissez pas, on se moque de vous.

Voici une femme qui passe; à dix pas, elle a l'air d'une femme riche. Un manchon d'hermine, un voile de point d'Angleterre, des bracelets et des bagues jusque par-dessus ses gants !

A trois pas, c'est une sotte qui promène une mascarade; son hermine est du chat, ses bijoux du cuivre, son voile je ne sais quoi.

C'est la femme d'un employé à quinze cents francs: ceux qui ne l'ont vue qu'à dix pas, ceux qui ont été dupes de l'hermine, des bijoux et du point d'Angleterre disent : « Son mari est un voleur, ou elle est une prostituée. On n'est pas vêtue ainsi quand on a quinze cents francs à dépenser par an. Je ne voudrais pas être son mari. »

Que la même femme ait une robe de coutil l'été, de laine l'hiver, un chapeau simple, des cols unis mais bien blancs, ses cheveux bien lisses, la tournure décente, on dira: « C'est une jolie femme; c'est sans doute la femme d'un employé à quinze cents francs, qui est modeste, bonne ménagère et point coquette; » et l'on enviera un peu son mari.

D. — Est-il vrai que, lorsqu'on trouve un noyé, on doit lui laisser les jambes dans l'eau, et ne pas lui donner de soins jusqu'à l'arrivée du maire ou du commissaire de police? Doit-on aussi attendre l'arrivée d'un fonctionnaire public pour couper la corde d'un pendu?

R. — Il n'existe aucune loi aussi sotte et aussi inhumaine. Si l'on a le bonheur de retirer un homme de l'eau ou d'arriver à temps pour détacher un pendu, il faut s'empresser de leur donner tous les secours possibles.

D. — Doit-on prendre le noyé par les pieds pour lui faire rendre l'eau qu'il a bue?

R. — Non pas! c'est le moyen d'étouffer un homme en bonne santé; à plus forte raison un homme déja malade. Un noyé, le plus souvent, n'a pas trois verres d'eau dans l'estomac. Il faut desserrer ses vêtements; le coucher sur le dos, la tête un peu élevée et inclinée sur le côté; lui frotter la poitrine, le ventre et les jambes avec de la laine et appeler le médecin.

D. — Les morts reviennent-ils ? Doit-on avoir peur des revenants ?

R. — Si les morts revenaient, Dieu ne permettrait pas aux âmes des méchants de renverser l'ordre de la nature pour venir faire du mal aux vivants. Si les âmes des bons obtenaient cette permission, ce serait pour veiller sur ceux qu'ils ont aimés. Seriez-vous donc fâché de revoir un bon père ou un ami sincère que vous auriez perdu? Mais les morts ne reviennent pas.

D. — N'est-ce pas une pratique superstitieuse que de saluer en passant devant un mort ?

R. — C'est une consolation et une marque de sympathie que l'on donne aux parents et aux amis du mort. C'est aussi une marque de sérieuse méditation : pendant que le corps va être rendu aux éléments, l'âme qui l'animait est déjà devant Dieu, où elle reçoit la récompense ou la punition de ses actions criminelles ou vertueuses.

D. — Le respect pour les vieillards n'est-il pas un préjugé ?

R. — Ce serait un préjugé de faire tout à fait abnégation de sa propre raison pour suivre les avis des vieillards; mais cependant il est bon de les écouter, comme vous demandez des renseignements à un voyageur qui a parcouru une route que vous entreprenez. Ne pas honorer la vieillesse, c'est démolir le matin le toit de la maison où vous devez coucher le soir.

Les vieillards sont des amis qui s'en vont, il faut les reconduire avec politesse et affection.

D. — Doit-on aux femmes le respect et les égards?

R. — Mesurez ce que vous voulez que les autres aient de respects et d'égards pour votre mère, votre femme, votre sœur et votre fille. C'est juste ce que vous devez à la mère, à la femme, à la sœur et à la fille d'un autre.

D. — Faut-il boire du vin?

R. — Boire en mangeant une médiocre quantité de vin ou de cidre ou de toute autre boisson fermentée répare les forces épuisées par le travail; mais aller dans les cabarets pour en sortir bêtes, fous ou furieux, c'est aussi déraisonnable qu'il le serait d'aller chez le pharmacien boire de l'acide prussique qui vous ferait mourir.

D. — Peut-on parler politique?

R. — Oui, si l'on a acquis les connnaissances nécessaires; mais il est ridicule et imprudent de se croire suffisamment en état de parler des intérêts des nations, parce qu'on a bu dans les cafés un certain nombre de demi-tasses de café ou de petits verres d'eau-de-vie. Quel que soit votre état, vous ririez d'un homme qui voudrait l'exercer sans l'avoir appris. La politique, c'est-à-dire le gouvernement du pays, est un métier qui demande autant à être étudié que le métier de maçon, de cordonnier ou de tailleur.

D. — Il y a-t-il inconvénient à lire le journal?

R. — Aucun, si vous vous représentez suffisamment qu'un journal est un avocat qui plaide pour une cause qu'il a intérêt à gagner, et qu'en lisant un seul journal vous serez comme un juge qui voudrait juger une cause en n'entendant que l'une des parties.

D. — Comment voulez-vous que je n'envie pas le sort des gens qui ont toutes les joies dont je suis privé?

R. — On compare le plus souvent l'envers de sa vie à soi avec l'endroit de la vie des autres.

S'il vous manque une chose, vous dites: « C'est là le bonheur! » et vous portez envie à celui qui la possède. Mais peut-être ne possède-t-il que cette seule chose, peut-être fait-il semblant de la posséder.

Il y a deux manières d'être riche : élever son revenu au niveau de ses désirs; abaisser ses désirs au niveau de son revenu.

Vous n'avez pas de chevaux : aimez votre chien.

Merci, mon Dieu, de tout ce que vous avez créé de richesses pour le pauvre! merci du ciel et du soleil; merci des eaux fraîches et murmurantes et de l'ombrage touffu des chênes; merci des bluets des champs, et de la giroflée des murailles, et de l'aubépine des haies; merci des chants de la fauvette et des hymnes du rossignol; merci de l'amour pour la famille et pour les amis; merci de toutes les belles et douces choses que votre magnifique bonté a faites communes !

D. — Il est cependant impossible que les pauvres n'aient pas de l'envie et parfois de la haine contre les riches?

R. — Les riches, je vous l'ai dit déjà, sont surtout favorisés en ceci qu'outre leur part légitime des biens de ce monde, ils ont reçu en dépôt la part des pauvres qu'ils ont la charmante charge de leur distribuer. Cependant, comme beaucoup, au lieu de s'acquitter avec joie et reconnaissance de cette douce et noble mission, préféreraient rester comme d'inertes sacoches pleines d'argent, la Providence leur a donné plus de besoins qu'aux autres hommes, et ces besoins ne peuvent être satisfaits que par le travail d'autrui, qu'il faut bien rétribuer, ce qui rend une partie de leur argent à sa destination.

D. — Mais les avares?

R. — Je n'ai rien à vous dire de l'avare; c'est quelque chose de hideux, d'inutile et de repoussant; c'est parmi les hommes ce que sont parmi les animaux les crapauds et les punaises.

La plupart des choses dont s'enorgueillissent les riches sont des imitations imparfaites de ce que la nature vous donne pour rien. Cette colonne de marbre avec un chapiteau corinthien coûte plus d'argent que vous n'en gagnerez dans toute votre vie. On loue l'artiste d'avoir assez bien imité les feuilles de l'acanthe qui pousse et qui fleurit dans votre jardin, et le tronc des hêtres qui sont devant votre porte.

Vos hêtres ont tous les ans un nouveau et frais feuillage, et ils servent d'asile aux oiseaux qui y chantent de si douces chansons, que le plus grand éloge qu'on fasse d'un chanteur ou d'une cantatrice auxquels on donne cent mille francs par an, c'est de les comparer au rossignol ou à la fauvette.

Ce vieux saule, cette mare où nagent les canards, reproduits très-imparfaitement sur une toile plate, par un peintre célèbre, se vendraient vingt mille francs. Le luxe des riches est d'avoir le portrait des plaisirs gratuits du pauvre. Les riches ont les œuvres des hommes, vous avez les œuvres de Dieu.

D. — Qu'est-ce que la liberté?

R. — La liberté est le droit d'agir d'après sa raison et son cœur, en se conformant aux lois de son pays.

D. — Mais les lois ne gênent-elles pas la liberté?

R. — Ces lois ont pour but d'assurer la liberté à tous en donnant pour limite à la liberté de chacun la liberté des autres. La loi, par exemple, vous ôte la liberté de casser les lanternes et de faire du bruit la nuit, parce que ce serait ôter aux autres la liberté de voir clair ou de dormir, liberté qui vous est garantie à vous-même par cette même loi qui vous empêche de faire aux autres ce que vous ne voudriez pas qu'on vous fît.

D. — L'égalité peut-elle exister ? Qu'est-ce que c'est que l'égalité ?

R. — L'égalité n'existe pas plus entre les hommes qu'entre les arbres d'une forêt. Le germe de certains arbres est tombé dans une terre plus fertile, où ils ont plus d'air et de soleil, ils sont plus grands et plus vigoureux. Ce n'est pas une loi humaine contre laquelle on doive et on puisse s'insurger, c'est une loi inexorable, la loi de la nature et de Dieu.

Mais cependant l'égalité, qui n'existe pas absolument, existe beaucoup plus que vous ne le croyez. Certes, les ormes et les châtaigniers ne sont pas des chênes ; mais les grands ormes, les robustes châtaigniers sont d'aussi beaux arbres que les beaux chênes. L'égalité ne consiste pas à être tous à la même place, ni à être tous la même chose. Elle consiste à remplir aussi bien la place qui nous a été assignée, à nous acquitter aussi bien du rôle qui nous a été donné. Un excellent laboureur est l'égal d'un excellent écrivain ; mais un écrivain médiocre n'est l'égal ni d'un grand écrivain ni d'un grand laboureur.

D. — Qu'est-ce que l'aristocratie ?

R. — Aristocratie est un mot formé de deux mots grecs, qui veut dire *pouvoir des meilleurs*.

D. — L'aristocratie et le peuple sont deux classes ennemies ?

R. — Non, l'aristocratie est ouverte à tous. Si vous êtes soldat, en étant brave et discipliné ; si vous êtes ouvrier, en étant laborieux, habile et probe, vous vous placez par cela seul dans l'aristocratie. Rien que par la bienveillance et la politesse, vous vous faites compter parmi les gens bien élevés, et c'est encore là une aristocratie.

D. — Qu'entend-on par les travailleurs et les oisifs ? Est-il juste que les uns travaillent et que les autres ne fassent rien ?

R. — Il ne faut pas confondre ceux qui ne font rien et ceux qui se reposent après avoir travaillé ; il ne faut pas prendre pour des oisifs tous ceux qui ne travaillent pas avec les bras. Remarquez que beaucoup de gens que vous croyez oisifs *s'amusent* le dimanche et dans leurs moments de loisir en ramant, en bêchant, en rabotant, etc., c'est-à-dire en se livrant à votre travail le plus dur, et cela pour *se reposer*. Le général qui ne monte pas la garde et ne porte pas de fusil n'est pas plus oisif que le soldat soumis aux corvées. L'architecte qui donne le plan d'une maison travaille autant que le maçon et le charpentier qui la construisent. Les véritables oisifs sont ceux qui, sous prétexte qu'ils s'intitulent eux-mêmes *travailleurs*, voudraient, sans travailler, partager le fruit du travail d'autres gens qu'ils appellent *oisifs*, sans savoir pourquoi.

D. — L'homme libre doit-il travailler ?

R. — C'est précisément pour être libre qu'il faut travailler. Je ne pense pas que l'homme puisse avoir une liberté plus grande que celle des animaux sauvages. Tous pêchent, chassent ou voyagent pour trouver des pâturages.

D. — Mais chacun ne travaille que pour soi ?

R. — Si vous ne travailliez que pour vous, vous n'auriez rien à attendre du travail des autres. Il vous faudrait labourer la terre, semer le blé, le moudre et faire le pain; il vous faudrait, pour avoir des souliers, tuer les animaux, les dépouiller, tanner les peaux, couper et coudre les chaussures; pour avoir une chemise, il vous faudrait semer le chanvre, le rouir, faire le fil, tisser la toile, couper, coudre, etc., et ainsi de même pour chacun de vos besoins.

Au lieu de cela, si vous êtes laboureur, vous faites venir du blé pour cent personnes; mais, de ces cent personnes, l'une le moud, l'autre fait du pain; trois ou quatre font subir au cuir les préparations nécessaires pour que vous ayez des souliers; trois ou quatre travaillent à la laine pour que vous ayez des habits, etc. Il y en a même qui traversent les mers et leurs dangers pour aller vous chercher du coton, du sucre, du poivre. Vous faites une chose pour les autres, les autres en font cent pour vous.

D. — Beaucoup disent que ce n'est pas voler que de tromper la douane ou le fisc, en un mot que ce n'est pas voler que de voler le gouvernement ?

R. — Le gouvernement n'a d'argent que celui que nous lui donnons tous. Il doit, avec cet argent, payer les ministres, les préfets, les députés, les juges, solder l'armée de terre et de mer, entretenir les routes, conserver la paix au dedans, au dehors faire la guerre si la liberté ou la dignité de la France sont menacées, ordonner de grands travaux, protéger l'agriculture, les arts, l'industrie et le commerce, et assister les malheureux. C'est votre part de tout cela que vous payez en payant les impôts. Si un citoyen trouve moyen de tromper le fisc, ce qu'il ne paye pas, il faut que d'autres le payent. Par suite, on augmentera les impôts; vous aurez, et tous les autres, davantage à payer.

D. — N'est-il pas honorable de chercher à s'élever au-dessus de sa sphère ?

R. — Je vois en ce moment sur une pelouse une chèvre blanche, qui n'a pour occupation que de tondre l'herbe dans tout le cercle que lui permet d'atteindre la corde qui l'attache à un piquet. Deux ou trois fois par jour, on la change de place pour qu'elle trouve toujours de l'herbe nouvelle. Voilà bien des fois que je regarde cette chèvre, et, chaque fois, je fais à son sujet la même observation.

Sa corde est longue, et elle pourrait paître une herbe grasse et verte pendant deux heures. Mais elle commence toujours par tirer sur son lien et manger à l'extrémité de sa corde, se mettant sur les genoux, dont le poil est usé, pour atteindre plus loin, attirant du bout de la langue des brins d'herbe hors de sa portée, et faisant tant d'efforts que son collier l'étrangle et la fait tousser. Ce n'est que lorsqu'elle a mangé au ras de la terre l'herbe qui paraissait hors de sa portée qu'elle se décide à manger celle qu'elle peut atteindre plus facilement, tout en faisant de nouveaux efforts de temps en temps et en donnant des secousses à sa corde.

Pour l'herbe qui est au centre, elle ne la touche pas, quelque belle et appétissante qu'elle soit ; elle ne la mange que lorsqu'on a planté plus loin le piquet qui l'attache et que cette herbe se trouve à son tour placée à l'extrémité du nouveau cercle qu'il lui est permis de parcourir.

C'est précisément ce que nous faisons tous dans la vie... Chacun de nous a son piquet, sa corde et son cercle tracé. Presque toujours, au dedans du cercle, il trouverait une pâture facile pour son corps, pour son esprit et pour son cœur. Chaque pelouse a au moins ses pâquerettes. Eh bien, nous usons notre force, et quelques-uns aussi leurs genoux, à atteindre ce qui est en dehors.

C'est une inquiétude, une maladie plus épidémique en ces temps-ci qu'en aucun autre, il y a cinq ou six rôles que tous veulent jouer, quelque peu aptes que la nature les y ait créés...

Cette fable prouve que les animaux, quelquefois, ne sont pas plus raisonnables que les hommes.

FIN

TABLE

		Pages
I.	Au bord de la mer	1
II.	Une Journée sous les falaises	163
III.	Maitre Pierre	181
IV.	Encore au bord de la mer	203
V.	Une Légende normande	239
VI.	La Pêche du hareng	267
VII.	La Vie sur l'eau. — Saint-Ouen	283
VIII.	Erreurs et Préjugés populaires	293

CHATILLON-SUR-SEINE. — IMPRIMERIE E. CORNILLAC

www.ingramcontent.com/pod-product-compliance
Lightning Source LLC
Chambersburg PA
CBHW070528160426
43199CB00014B/2227